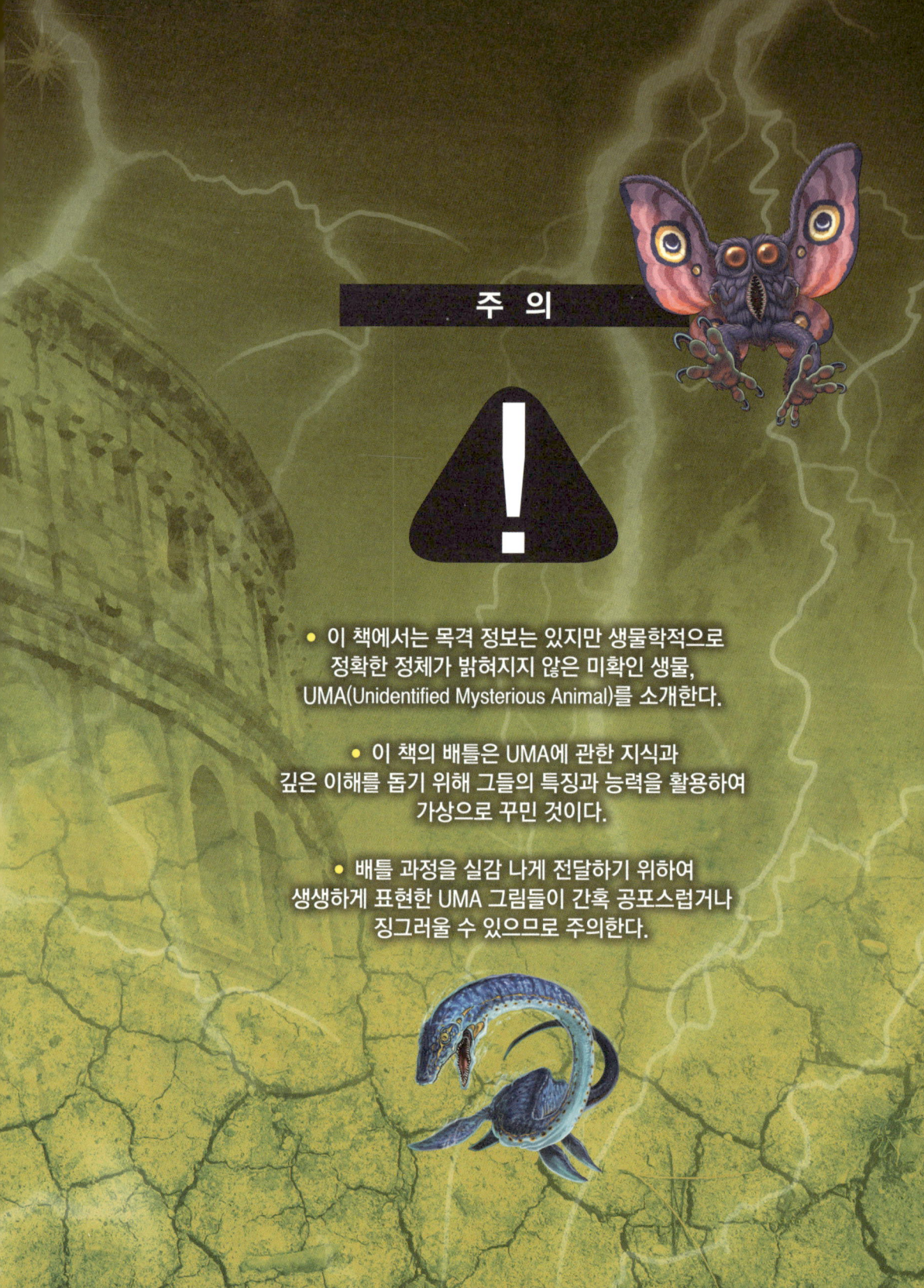

주 의

- 이 책에서는 목격 정보는 있지만 생물학적으로 정확한 정체가 밝혀지지 않은 미확인 생물, UMA(Unidentified Mysterious Animal)를 소개한다.

- 이 책의 배틀은 UMA에 관한 지식과 깊은 이해를 돕기 위해 그들의 특징과 능력을 활용하여 가상으로 꾸민 것이다.

- 배틀 과정을 실감 나게 전달하기 위하여 생생하게 표현한 UMA 그림들이 간혹 공포스럽거나 징그러울 수 있으므로 주의한다.

세계 UMA컵 개최

어떤 UMA들이 출전했을까?

세계 UMA컵에는 대회 실행 위원회에서 목격 정보를 바탕으로 몇 번이나 찾아가 대회 출전을 제안한 32종의 UMA 미확인 생물이 출전한다.
UMA란, 그 정체가 생물학적으로 밝혀지지 않은 생물을 뜻한다. 공룡처럼 생겼거나 이미 멸종한 생물, 전설의 생물과 닮았거나 우주인처럼 보이는 생물 등 다양한 모습과 특징을 지녔다. UMA 연구에 관해서는 미확인 동물학이라는 과학의 한 분야가 있으며, UMA에 관한 지식과 깊은 이해를 돕기 위해 이 대회를 개최했다.
대회는 전용 격투장에서 개최된다. 격투장에는 산과 숲속, 바다, 호수, 초원, 사막 등 다양한 환경이 준비되어 있으며 UMA가 나타난 지역과 같은 환경에서 배틀이 이루어진다. 너무 거대해서 격투장에 들어오지 못하는 UMA는 대회장에 들어올 수 있는 크기로 변신해서 출전해야 한다.

목표는 결승 토너먼트 진출!

세계 UMA컵에서 우승하기 위해서는 결승 토너먼트에서 마지막까지 승리해야만 한다. 하지만 32종의 UMA 중에 결승 토너먼트에 출전할 수 있는 UMA는 그 절반인 16종의 UMA뿐!
결승 토너먼트에 앞서 예선전이 펼쳐진다. 예선전은 32종의 UMA를 8그룹으로 나누어 개최된다. 한 그룹은 4종의 UMA로 구성되며, 각자 자신 외의 세 UMA와 싸워 높은 점수를 받아야 한다. 점수 획득 규칙은 아래와 같다. 각 그룹에서 높은 점수를 받은 두 UMA가 결승 토너먼트에 진출한다. 세계 최강왕이 되기 위해서는 먼저 세 번의 예선전과 네 번의 토너먼트 배틀에서 승리해야 한다.

점수 획득 규칙

승리 → 2점
상대에게 타격을 입혀서 전투 불가능한 상태가 되었을 때!
상대가 전투 의지를 잃고 항복했을 때!

무승부 → 1점
서로에게 타격을 입혀서 전투 불가능한 상태가 되었을 때!
서로 전투 의지를 잃고 대결을 그만둘 때!

패배 → 0점
타격을 입어 전투 불가능한 상태가 되었을 때!
전투 의지를 잃고 대결을 그만둘 때!

밖에서 바라본 전용 격투장

예선전

각 그룹의 상위 두 UMA(총 16종)가 결승 토너먼트 진출

결승 토너먼트

| 배틀 1 ➡P152 | 배틀 2 ➡P154 | 배틀 3 ➡P156 | 배틀 4 ➡P158 |

1라운드

| 배틀 1 ➡P170 | | 배틀 2 ➡P172 |

준준결승

준결승 배틀 1 ➡P180

 결승전 ➡P186

 3위 결정전 ➡P184

준결승 배틀 2 ➡P182

| 배틀 3 ➡P174 | | 배틀 4 ➡P176 |

준준결승

| 배틀 5 ➡P160 | 배틀 6 ➡P162 | 배틀 7 ➡P164 | 배틀 8 ➡P166 |

1라운드

그룹 C → P47

 리자드맨
 쓰치노코
 네시
 오랑바티

그룹 D → P65

 예티
 시 서펜트
 도버 데몬
 플라잉 휴머노이드

그룹 G → P115

빅풋

옥토퍼스 기간테우스

윙캣

오고포고

그룹 H → P133

드 로이의 원숭이

모스맨

라우

난디곰

배틀의 6가지 규칙

1 배틀은 1대 1로 겨룬다

배틀은 1대 1로 맞붙는다. 배틀에 동료를 끌어들이거나 짝을 지어 공격하는 것은 금지한다.

2 무기·능력을 사용할 수 있다

각 UMA가 평소에 사용하는 무기, 기술, 능력 등은 결투할 때 자유롭게 사용할 수 있다.

3 과도한 공격은 반칙!

상대가 상처를 입어 싸움을 이어갈 수 없게 되거나 싸울 의지를 잃어 패배를 인정했을 때는 공격을 중지한다. 그 이상 공격을 계속하는 것은 반칙으로 간주한다. 또한 상대 UMA의 목숨을 빼앗는 것도 반칙이다.

4 배틀 장소와 배틀 시간

배틀은 '세계 UMA컵 전용 격투장'에서 이루어진다. 격투장에는 산, 숲속, 바다, 호수, 초원, 사막 등 다양한 환경이 준비되어 있으며 UMA들이 출현한 지역과 같은 환경에서 결투가 치러진다.
시합은 추첨으로 정해진 시간에 시작한다. 밤에만 활동하는 UMA일 때는 격투장을 '야간 모드'로 설정한다.
시합 시간은 무제한이다. 예선전은 '승리', '무승부', '패배'(기준→P4)가 결정될 때까지, 결승 토너먼트는 어느 한쪽이 이길 때까지 시합을 계속한다.

5 부상이 회복된 뒤에 경기를 치른다

각 UMA가 지닌 힘과 능력을 충분히 발휘해 싸울 수 있도록 이전 시합에서의 부상은 회복한 뒤에 경기를 계속한다. 단, 정신적인 손상이나 기억 상실은 해당되지 않는다.

6 우승자의 명예

아래와 같은 규칙에 따라 예선전 각 그룹의 상위 두 UMA가 결승 토너먼트에 진출한다. 최종 우승자에게는 '세계 UMA컵 우승자' 라는 칭호와 함께 우승컵을 수여한다.

깜짝 발견! UMA 뉴스

가정집에서 키운 날개 달린 고양이 →P120

새끼 고양이에게 날개가 생겼다?
1899년, 영국 잡지에 윙캣의 사진이 실렸다. 어느 여성이 키우던 고양이로, 태어나고 몇 주 후부터 날개가 자랐으며 날개 외에는 매우 평범한 고양이였다고 한다. 1905년에는 몸길이가 3m나 되는 거대한 날개가 달린 고양이가 영국 잡지에 소개되었다. 그 후 날개가 달린 고양이가 하늘을 날아다니는 목격담이 세계 각지로 퍼져 나갔으며, 목격 제보는 100건이 넘었다. 2009년에는 중국 쓰촨성에서 발견되었다.

수수께끼 거대 사체의 정체는? →P119

또다시 모습을 드러낸 초거대 문어
2003년 7월 칠레의 해변으로 떠밀려 온 살덩어리의 정체는 옥토퍼스 기간테우스일 가능성이 짙다. 동물학자는 그 몸통의 일부가 1896년에 미국 플로리다주 해변에서 전문가들을 난감하게 만든 옥토퍼스 기간테우스와 비슷하다고 주장했다.

목격 정보 기록과 UMA 역사 등을 소개하는 '깜짝 발견! UMA 뉴스'에서도 출전한 UMA에 관한 정보를 알 수 있다.

결승 토너먼트 진출에 관한 규칙

① **승점** - 승점이 높은 상위 두 UMA가 결승 토너먼트에 진출한다.
② **직접 대결** - 동점일 때는 직접 대결했을 때 이긴 쪽의 순위가 높아진다.
③ **추첨** - 직접 대결까지 무승부일 때는 추첨으로 결승 토너먼트 진출자와 순위를 정한다.

이 책의 본문 구성

출전 UMA 소개

- 예선 그룹
- UMA 이름
- 인지도 등급
- UMA 특징

능력치
5개의 능력을 5단계로 나타낸다.

▶ 파워
체력·힘의 세기

▶ 스피드
빠르기·이동 속도

▶ 위험성
공격의 위험한 정도

▶ 지능
머리가 좋고 영리한 정도

▶ 기술
특별한 공격 방법·종류의 다양성

- 출몰 지역
- UMA 정보
- UMA 타입(6종류)

UMA 타입: 수인·유인원계 / 수중계 / 공중계 / 뱀·개구리계 / 짐승계 / 신비계

배틀 장면

- 배틀 관전 포인트
- 승리자

예선 그룹
결승 토너먼트에서는 '1라운드', '준준결승' 등으로 표시된다.

- 배틀 출전 UMA
- 배틀 과정
- 전략 해설

배틀 결과표 (예선전만 해당)
치러진 모든 배틀의 결과를 나타낸 표이다. 색칠된 부분이 이번 배틀의 결과이다.

● : 승리, 2점 ▲ : 무승부, 1점 ✕ : 패배, 0점

깜짝 발견! UMA 뉴스

가정집 뒷마당에 나타난 스컹크에이프 →P16

미국 플로리다주에서 촬영된
스컹크에이프 사진

집 주변에서 모습을 드러낸 수인

2000년 가을, 미국 플로리다주 새러소타의 노부부가 사는 집 뒷마당에서 스컹크에이프가 촬영되었다. 스컹크에이프를 목격했다는 정보는 이전부터 있었지만, 이 사진이 결정적인 증거가 되었다. 한편으로는 사진이 조작되었다는 주장도 있다.

호수에 비친 거대 그림자의 공격! →P17

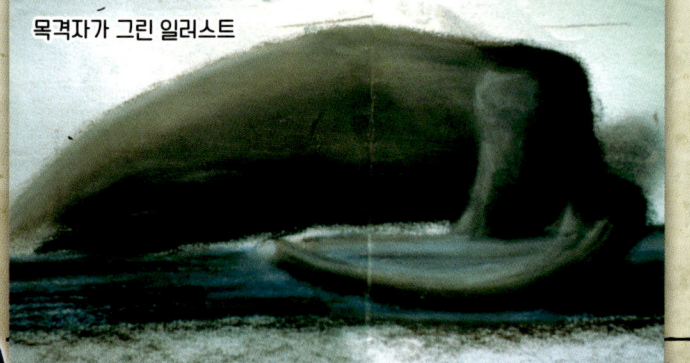

목격자가 그린 일러스트

몸통으로 공격하는 모라그

네시가 사는 네스호 근처의 모라호에는 모라그가 살고 있다. 요트에 탔던 사람들의 말에 따르면 모라그가 요트를 세차게 들이받으며 공격했다고 한다.

깜짝 발견! UMA 뉴스

몽골에 나타난 죽음의 벌레, 몽골리안 데스 웜!

사막에서 갑자기 나타나 사람이나 가축을 공격한다.

꼬리로 전기를 일으키고 입으로는 독을 내뿜는다.

존재 자체가 수수께끼인 UMA

100년 전, 고비사막 조사대의 대원이 알 수 없는 생물에게 공격당해 수백 명이 목숨을 잃은 일이 발생했다. 그 사건이 독과 전기를 내뿜어 사람을 죽이는 몽골리안 데스 웜 전설의 시작이다. 많은 학자가 조사를 계속했지만, 실제로 존재하는 생물인지는 아직 수수께끼로 남아 있다.

재빠르게 날아다니는 스카이 피시!

맨눈으로는 볼 수 없다!

스카이 피시(하늘을 나는 물고기)는 1994년, 멕시코의 동굴에서 발견된 UMA이다. 엄청나게 빠른 속도로 날아서 비디오의 슬로모션으로밖에 그 모습을 확인할 수 없다. 그 후로 세계 각지에서 목격되었으며, 일본에서는 2007년에

방범 카메라에 찍힌 모습

요코하마의 롯코산에서 자동차 유리창에 부딪혔다가 날아가는 모습이 촬영되었다.

최초로 발견된 멕시코의 제비 동굴

모라그

거대 그림자에서 울려 퍼지는 오싹한 울음소리

모라그는 '호수의 정령'이라는 뜻으로, 스코틀랜드의 모라호에 나타난 수장룡을 닮은 생물이다. 호수 위로 거대한 검은 그림자가 비치더니 사람이 가까이 다가가자 크고 음침한 울음소리를 냈다고 한다. 땅 위로 올라온 모습을 목격한 사람도 많으며, 코끼리보다 몸집이 크다고 한다.

출몰 지역: 스코틀랜드 모라호, 영국

UMA 정보
- 몸길이 : 12m~15m
- 몸무게 : ?

인지도 C등급

그룹 A

스카이 피시

초고속으로 날아 보이지 않는 UMA

스카이 피시는 막대 같은 몸통 양쪽의 지느러미를 움직여 초고속으로 하늘을 날아다니는 미확인 생물이다.
시속 수백 km로 이동한다고 하며 맨눈으로는 볼 수 없다.
딱딱한 곳에 충돌해도 아무런 충격을 받지 않아 몸통으로 들이받는 공격이 위협적이다.

출몰 지역: 제비동굴, 멕시코

UMA 정보
- 몸길이: 수cm~30m
- 몸무게: 10g~20kg

그룹 A

몽골리안 데스 웜

뱀·개구리계

인지도 B 등급

파워 / 스피드 / 위험성 / 지능 / 기술

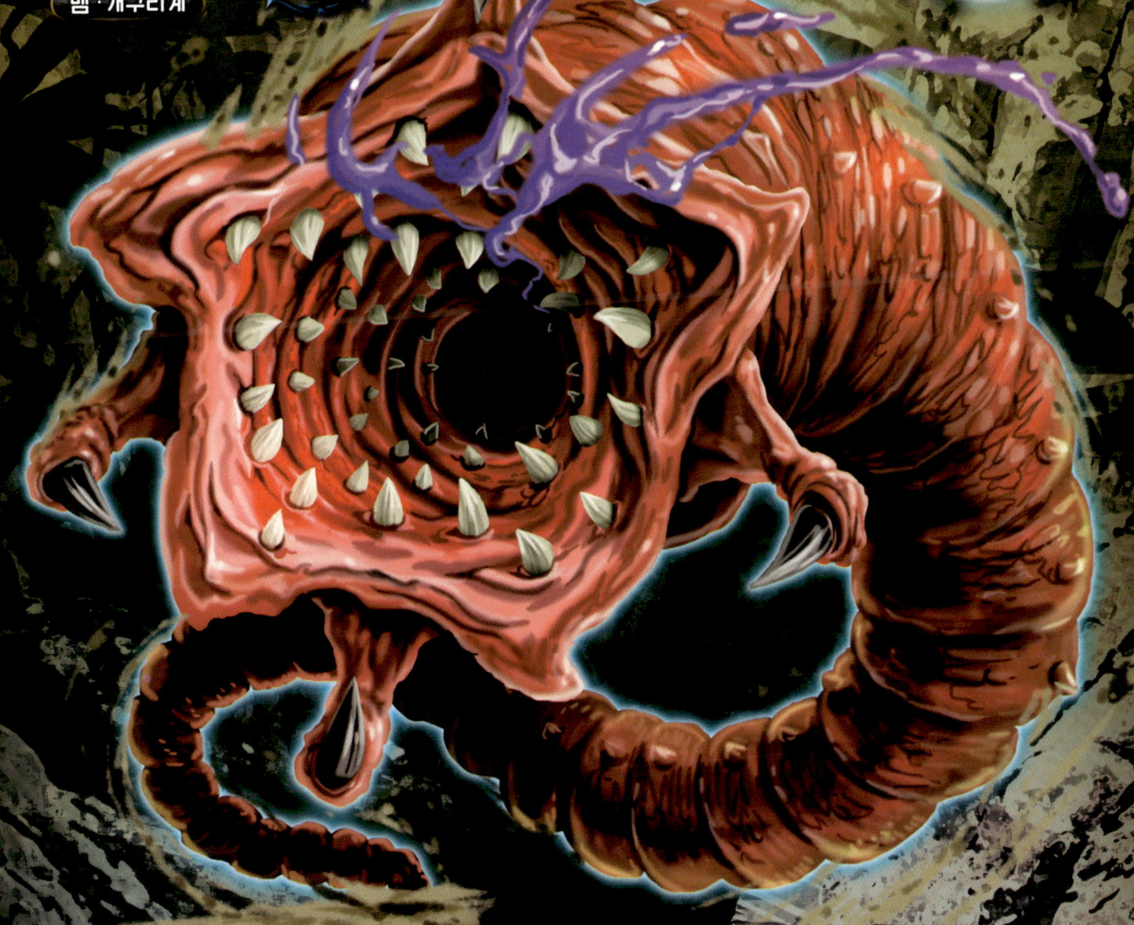

출몰 지역
몽골 / 고비사막

독과 전기를 사용하는 이중 공격

'웜'은 지렁이처럼 가늘고 길며 다리가 없는 벌레를 뜻한다. 몽골리안 데스 웜은 독이 있는 식물을 먹고 몸에 독을 저장해 안개처럼 독을 분사하며 전기를 발사해 멀리 떨어진 상대까지 죽이는 기술이 뛰어난 무시무시한 생물이다. 사막의 모래 속에 몸을 숨겼다가 갑자기 달려든다고 한다.

UMA 정보
- 몸길이 : 50cm~1.5m
- 몸무게 : ?

③ 하지만 다 피한 줄 알았던 독이 아직 안개처럼 공기 중에 퍼져 있었군요. 스카이 피시의 몸에 서서히 독이 퍼지면서 추락하고 맙니다.

몽골리안 데스 웜 승리

배틀 결과
몽골리안 데스 웜의 1승!

	스컹크에이프	모라그	스카이 피시	몽골리안 데스 웜	승점
스컹크에이프		● 2			2
모라그	× 0	—			0
스카이 피시			—	× 0	0
몽골리안 데스 웜			● 2		2

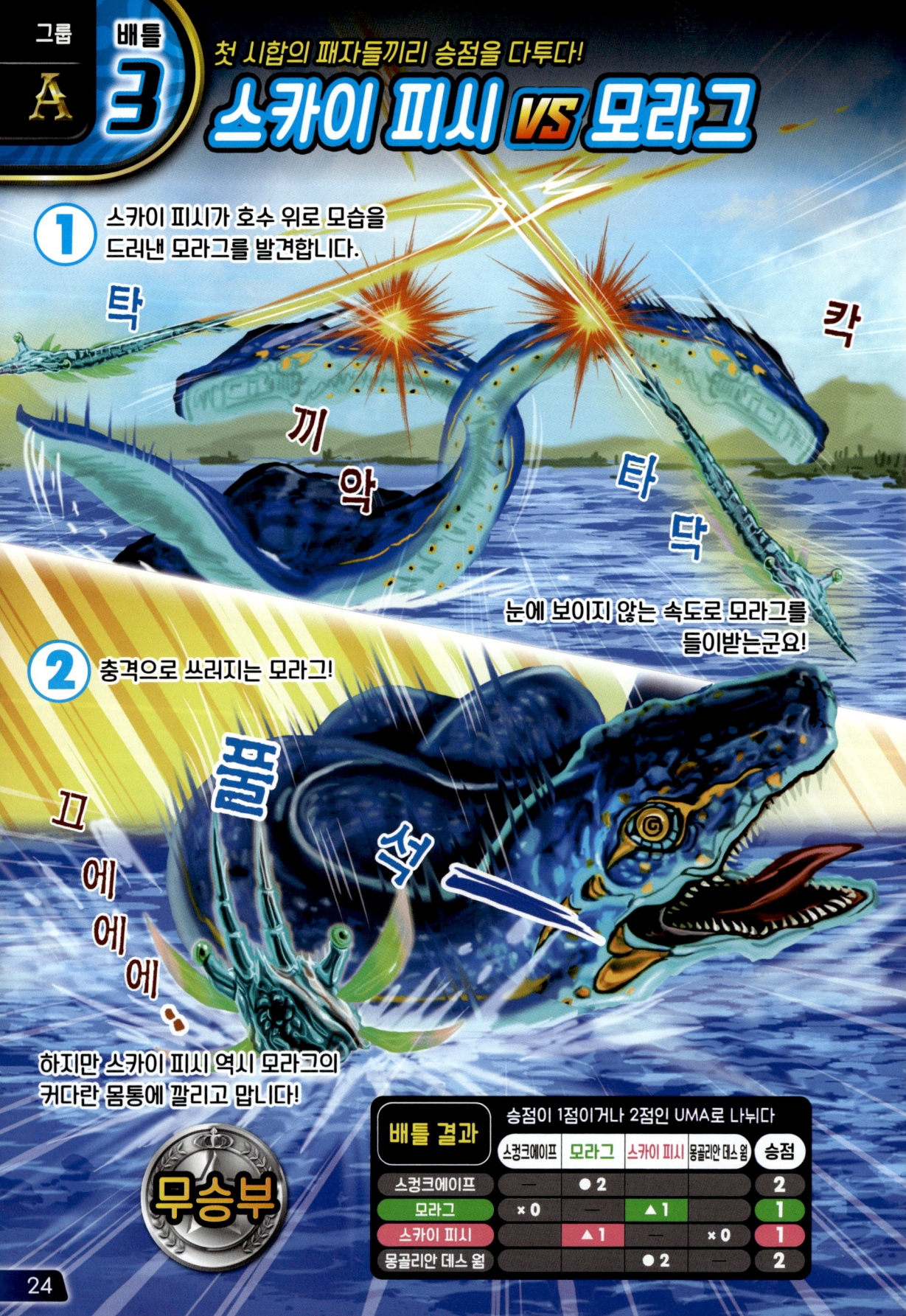

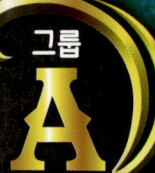

그룹 A

결과 발표

결승 진출

1 몽골리안 데스 웜

3연승으로 승점 6점
무패로 예선전 통과!

2 스카이 피시

1승 1패 1무로 승점 3점
마지막까지 아슬아슬하게 결승 진출!

배틀 최종 결과	스컹크에이프	모라그	스카이 피시	몽골리안 데스 웜	승점
스컹크에이프	—	●2	×0	×0	2
모라그	●0	—	▲1	×0	1
스카이 피시	●2	▲1	—	×0	3
몽골리안 데스 웜	●2	●2	●2	—	6

예선 탈락

스컹크에이프

1승 2패로 승점 2점
3위로 결승 진출 실패!

모라그

1무 2패로 승점 1점
예선전 최하위!

A그룹 배틀 포인트

독과 전기 충격이라는 두 가지 무기로 몽골리안 데스 웜이 압도적인 전투력을 과시했다. 코가 없는 스카이 피시는 스컹크에이프의 악취 공격이 통하지 않아 결승 진출에 성공했다.

깜짝 발견! UMA 뉴스

3,000명 이상의 목격담이 전해지다! →P35

1980년대에 요위의 목격 정보가 많았던 산지

오스트레일리아의 수인 요위

오래전 1795년에 유럽에서 호주로 들어온 사람들이 최초로 요위를 목격했다. 하지만 그 전부터 원주민인 에보리진 사이에서도 요위는 널리 알려져 있었다. 지금까지 3,000건 이상 목격되었으며, 증언을 바탕으로 그린 일러스트와 채취한 발자국, 사진 등이 있다.

1912년, 목격자의 증언을 바탕으로 그린 신문 속 일러스트

목격자 증언을 바탕으로 그린 일러스트

신비한 모습으로 인기를 끌다! →P36

3m 우주인, 플랫우즈 몬스터

1952년, 미국 웨스트버지니아주에 플랫우즈 몬스터가 나타났다. 비행물체가 나타난 날과 같은 날 목격되었고, 신비한 모습의 일러스트가 여러 신문과 텔레비전에서 소개되었다. 모습을 드러낸 것은 이때뿐이었지만, 일본에서는 키가 커서 '3m 우주인'이라고 불리며 인기가 많다.

깜짝 발견! UMA 뉴스

400년간 배를 공격해 온 크라켄! →P34

크라켄과 크라켄을 잡으려고 하는 프랑스 해군의 배를 그린 일러스트

선원들이 무서워하는 전설의 괴물

크라켄은 옛부터 북유럽 바다에서 항해 중인 배를 공격한 UMA이다. 1600년대에 덴마크인이 그린 책에 소개된 뒤부터 널리 알려졌다. 1861년, 프랑스 해군의 배가 크라켄으로 추정되는 생물을 포획하려 했지만, 촉수 끝부분만 아주 조금 손에 넣었다. 이 생물은 7m가 넘는 촉수가 달렸고 눈이 접시만큼 거대한 오징어를 닮았다고 한다.

소녀들이 발견한 유령 새 →P37

14세 목격자가 그린 그림과 증언

10대 소녀 앞에 모습을 드러낸 아울맨

종종 아울맨이 목격되는 마우난 마을의 교회

1976년~1978년에 영국의 콘월주에서 사람과 부엉이를 섞어 놓은 듯한 아울맨이 목격되었다. 아울맨을 목격한 여러 명의 소녀가 그림을 그리고 설명을 덧붙인 기록이 남아 있다.

그룹 B — 요위

오래전 인류가 살아남은 것일까?

목격 정보가 3,000건이 넘으며 오스트레일리아에서 가장 유명한 미확인 생물이다. 온몸이 털로 뒤덮였고, 두 다리로 걸으며 석기 등을 도구로 사용한다. 어깨 사이로 머리가 파묻혔으며 몸을 수그리고 걸어 다닌다. 약 100만 년 전의 인류인 메간트로푸스가 살아남은 것이라고도 한다.

수인·유인원계

인지도 A 등급

출몰 지역: 오스트레일리아 남동부 일대

UMA 정보
- 몸길이: 1.5m~3m
- 몸무게: 80kg~200kg

그룹 **B**

아울맨

공중계

파워 / 스피드 / 위험성 / 지능 / 기술

인지도 **C** 등급

부엉이와 인간이 합체하다?

1976년, 영국에서 두 자매가 거대한 생물 아울맨(부엉이 인간)이 하늘을 날아다니는 모습을 목격했다. 이 UMA는 상반신이 부엉이를 닮았으며 어른 인간만큼 체격이 크고 뾰족한 귀와 새빨갛게 빛나는 눈, 날카로운 발톱이 달렸다고 한다. 깜깜한 밤중에 소리 없이 접근한다.

출몰 지역: 영국 콘월주

UMA 정보
▶ 몸길이 : 약 2m
▶ 몸무게 : 5kg

그룹 B 배틀 2
계속해서 승리를 거두고 싶은 요위
플랫우즈 몬스터 vs 요위

❶ 공중에서 맴도는 플랫우즈 몬스터에게 요위가 커다란 돌을 던집니다.

쓔~웅

❷ 플랫우즈 몬스터는 돌을 가볍게 피하며 하늘에서 가스 공격을 퍼붓는군요.

플랫우즈 몬스터는 원피스의 아랫단에서 가스를 내뿜는다.

플랫우즈 몬스터 승리

배틀 결과	요위에게 이겨 나란히 선두 자리에 오르다			
	플랫우즈 몬스터	요위	아울맨	크라켄	승점
플랫우즈 몬스터	—	●2			2
요위	×0	—	●2		2
아울맨		×0	—		0
크라켄				—	0

그룹 B — 결과 발표

결승 진출

1위 크라켄
2승 1무로 승점 5점
1위로 당당히 예선전 통과!

2위 플랫우주 몬스터
1승 2무로 승점 4점
무승부로 점수를 얻어 결승 진출!

배틀 최종 결과	플랫우주 몬스터	요위	아울맨	크라켄	승점
플랫우주 몬스터	—	●2	▲1	▲1	4
요위	✕0	—	●2	✕0	2
아울맨	▲1	✕0	—	✕0	1
크라켄	▲1	●2	●2	—	5

예선 탈락

요위
1승 2패로 승점 2점
3위로 결승 진출 실패!

아울맨
1무 2패로 승점 1점
리그 최하위로 좌절!

B그룹 배틀 포인트

거대한 몸집과 힘을 가진 크라켄은 긴 촉수를 뻗어 상대를 바다로 끌고 들어가는 작전으로 승리를 얻었다. 크라켄과 무승부였던 플랫우주 몬스터는 가스와 눈의 광선 등 다채로운 공격을 선보였다.

깜짝 발견! UMA 뉴스

일본을 대표하는 UMA →P51
쓰치노코의 수수께끼를 파헤치다

6000년 전부터 나타났다?

쓰치노코에 관한 최초 기록은 약 1,300년 전의 일이다. 일본의 가장 오래된 역사서 《고지키》에 쓰치노코가 등장한다. 그런데 약 6000년 전의 조몬토기에도 마치 쓰치노코의 모습을 본뜬 것 같은 장식이 달려 있다.

오카야마현 아카이와시에 있는 수배지. 쓰치노코를 생포하면 현상금이 무려 2007만 엔!

쓰치노코를 생포하면 상금을 준다?

1959년, 잡지에 실린 쓰치노코 목격담을 TV에서 다루기 시작하며 쓰치노코 붐이 일어났다. 1988년 무렵, 다시 목격담이 늘어 제2차 붐이 일어났다. 특히 목격담이 많은 지역에서 마을 홍보를 위해 쓰치노코 생포에 고액의 상금을 걸어 화제가 되기도 했다. 또한 기후현 히가시시라카와 마을에서는 매년 '쓰치노코 탐색 대작전'이라는 이벤트를 개최한다. 이처럼 쓰치노코에 관한 풀리지 않은 수수께끼는 사람들을 끌어들이는 매력이 있다.

◀1989년부터 히가시시라카와에서 매년 열리는 '쓰치노코 축제'

▶축제의 캐릭터 '쓰치'와 '노코린'

세계에서 가장 유명한 UMA

→P52

네시를 사랑하는 사람들

1977년에 촬영된 네시의 컬러 사진

네시랜드·캐슬에 있는 네시상

네시를 연구하는 사람들

스코틀랜드 네스호에 사는 네시의 첫 목격담은 약 100년 전의 일이다. 1933년에는 최초의 흑백 사진이, 1960년에는 헤엄치는 네시의 영상이, 1977년에는 컬러 사진이 촬영되면서 네시는 점점 유명해졌다. 지금까지 목격 정보가 4,000건이 넘으며, 네시의 수수께끼를 풀기 위해 대규모 조사를 하는 네시 연구 단체도 있다.

네시의 세계를 즐기는 사람들

네스호 근처에는 네시 박물관인 '네스호 전시 센터'와 거대한 네시상이 있는 테마파크 '네시 랜드·캐슬'이 있다. 이곳에는 배로 네스호를 돌아보는 프로그램도 있으며, 만약 운이 나빠 네시를 발견하지 못하더라도 선장이 촬영한 네시의 사진을 살 수 있다.

네시에 관한 다양한 자료와 물품 등을 전시하고 있는 네스호 전시 센터

쓰치노코

그룹 C

뱀·개구리계

인지도 **A** 등급

굵고 짧은 독사의 모습

맥주병처럼 생겼다고도 하며, 머리는 뱀이지만 몸통은 뱀보다 짧다. 몸통 끝의 짧고 가는 꼬리로 딛고 일어나 점프를 한다. 재빠른 움직임과 최대 5m까지 뛰어오르는 점프력으로 적을 문 뒤, 맹독을 퍼뜨려 목숨을 빼앗는다.

출몰 지역: 일본 각지

UMA 정보
- 몸길이 : 30cm~80cm
- 몸무게 : ?

네시

그룹 C

수중계 | 인지도 A 등급

물 밖으로 얼굴을 내미는 이유는?

긴 목과 커다란 지느러미, 거대한 몸집을 지닌 네시. 피부는 어두운 회색이며 머리가 작다. 평소에는 물속에서 지내다가 때때로 수면 위로 얼굴을 내민다. 물속에서 호흡하지 못해 얼굴을 내밀어 숨을 쉬는 것이라고 추측되며, 수장룡인 플레시오사우루스가 생존한 것이라고도 한다.

출몰 지역: 스코틀랜드 네스호, 영국

UMA 정보
- 몸길이: 약 10m
- 몸무게: ?

오랑바티

그룹 C · 공중계 · 인지도 C등급

어린아이를 습격하는 박쥐 인간!

몸통은 사람, 얼굴은 사람 혹은 원숭이와 비슷하다. 가장 큰 특징은 박쥐처럼 생긴 날개가 달렸다는 점이다. 낮에는 깊은 숲속의 동굴에서 지내며, 밤이 되면 사람이 있는 곳으로 날아와 어린아이를 납치해 잡아먹는다고 한다. 인도네시아의 세람섬에서는 지금도 생물학자의 조사가 진행 중이다.

출몰 지역: 말루쿠 제도, 인도네시아

UMA 정보
- 몸길이 : 약 1.5m
- 몸무게 : 20kg

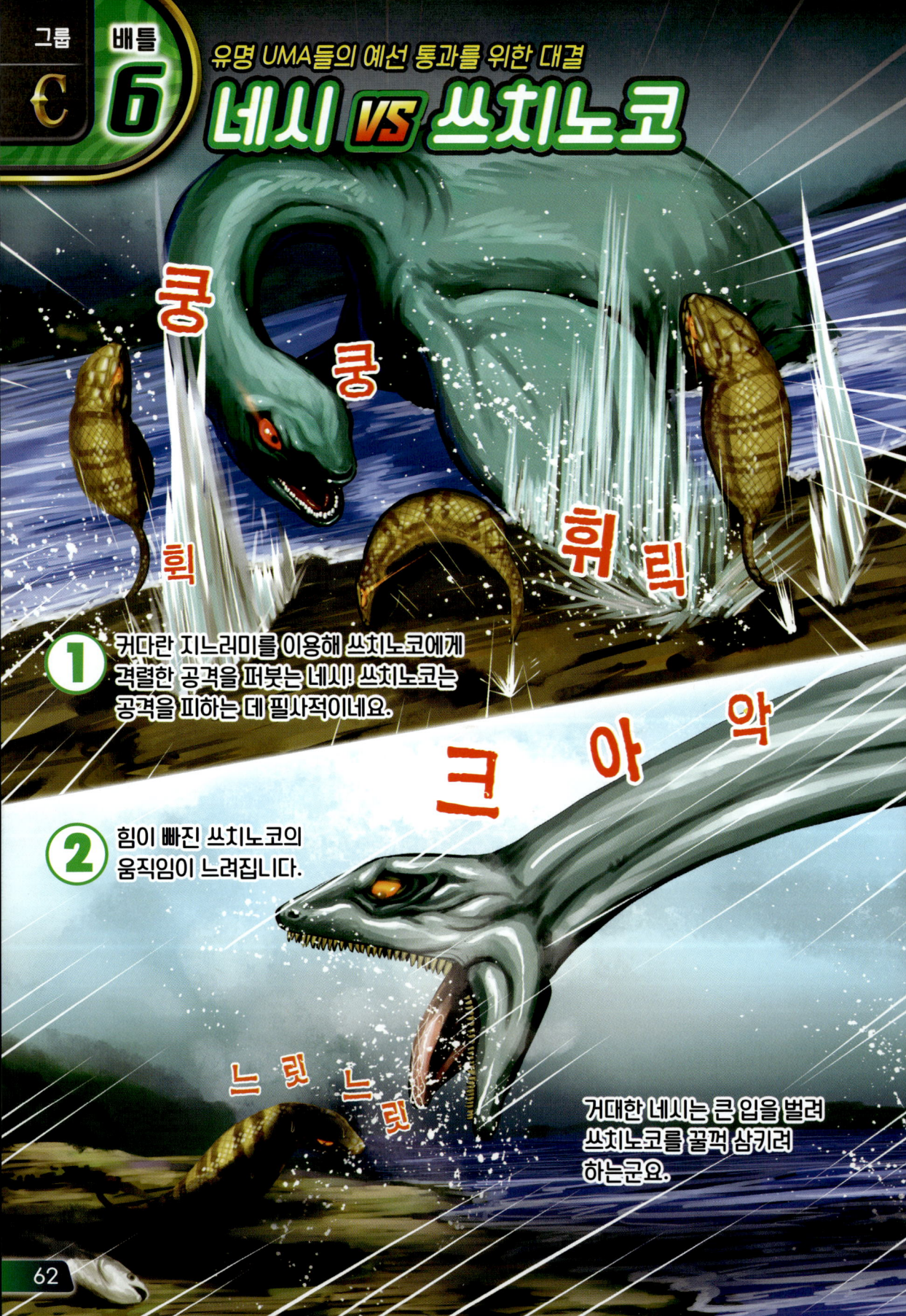

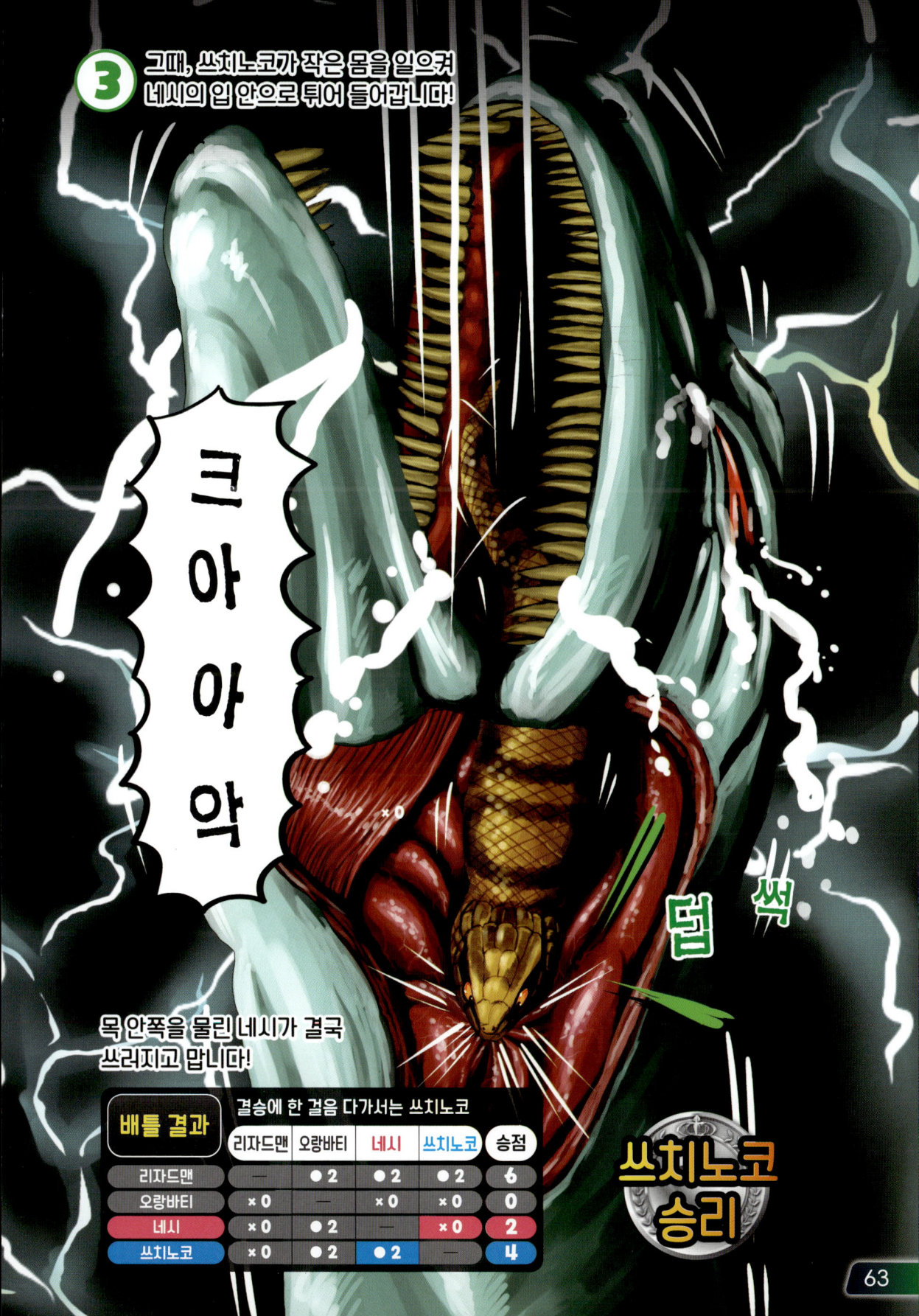

그룹 C — 결과 발표

결승 진출

1위 리자드맨

3연승으로 승점 6점
무패로 예선전 통과!

2위 쓰치노코

2승 1패로 승점 4점
작은 체격으로 결승 진출!

배틀 최종 결과	리자드맨	오랑바티	네시	쓰치노코	승점
리자드맨	—	● 2	● 2	● 2	6
오랑바티	× 0	—	× 0	× 0	0
네시	× 0	● 2	—	× 0	2
쓰치노코	× 0	● 2	● 2	—	4

예선 탈락

네시

1승 2패로 승점 2점
유명 UMA도 결승 진출 실패!

오랑바티

3연패로 승점 0점
1승도 거두지 못한 채 탈락!

C그룹 배틀 포인트

뛰어난 지능으로 자신의 특기를 살리고 적의 약점을 파고드는 작전을 세운 리자드맨이 무패의 전투력을 과시했다. 일본의 유명 UMA인 쓰치노코가 2위에 올랐고, 세계적으로 유명한 UMA 네시는 예선에서 탈락하고 말았다.

깜짝 발견! UMA 뉴스

히말라야 눈 속에서 모습을 드러내다

많은 탐험가가 찾아다니는 예티

사원에 전시된 예티의 머리 가죽과 손뼈

거대한 발자국 — 45cm

예티 탐험대 출발!

세계에서 가장 높은 히말라야산맥에서 예티라고 불리는 수수께끼의 수인이 몇 번이나 발견되었다. 1951년에는 영국의 등산가가 높이 6,000m에서 발견한 거대한 발자국 사진을 공개했다. 이 일을 계기로 많은 탐험가가 예티를 찾으러 히말라야로 향했다. 일본에서도 1959년에 설남탐사대가 출발했다.

예티의 정체는 불곰?

히말라야의 사원에는 예티의 머리 가죽과 손뼈가 전시되어 있으며 예티의 털이 발견되기도 했다. 이 털을 조사한 결과, 예티와 북극곰의 공통점이 있다는 것과 예티의 정체는 히말라야 불곰이라는 설이 발표되기도 했다. 아직 예티의 모든 수수께끼가 풀리지는 않았다.

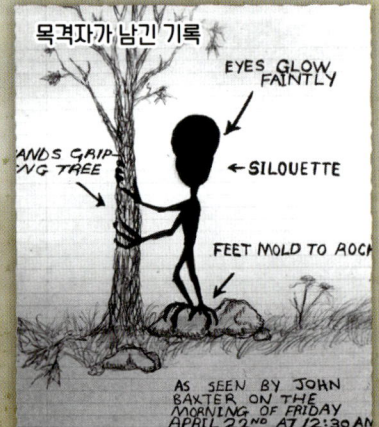
목격자가 남긴 기록

도버에만 나타나는 악마?

이름에 마을 이름이 붙은 UMA

1979년 봄, 미국 매사추세츠주의 도버 마을에 나타난 UMA가 도버 데몬이다. 최초로 목격했을 때는 주택의 담 위에 올라가 있는 모습이었다고 한다. 1개월도 지나지 않아 목격 정보가 끊겼고, 도버 외 지역에서는 모습을 드러내지 않아 '도버의 악마'라는 뜻의 이름이 붙여졌다.

깜짝 발견! UMA 뉴스

전 세계의 바다는 연결되어 있다? →P69

세계 곳곳의 바다에서 모습을 드러내는 시 서펜트

1964년 오스트레일리아의 퀸즐랜드주 근처 바다에서 촬영된 몸길이가 약 20m인 시 서펜트의 사진

시간과 장소를 초월한 생물

시 서펜트는 UMA 중에서 목격 제보가 가장 많다. 약 2400년 전에 그리스의 철학자 아리스토텔레스가 배를 습격하는 거대한 바다뱀에 관해 기록했다. 그 후 유럽, 미국, 남미 등에 다양한 그림과 문자 기록이 남아 있으며, 1964년에는 컬러 사진도 촬영되었다.

1875년에 브라질에서 그려진 고래를 공격하는 시 서펜트

세계 각지의 하늘을 떠돌다

멕시코에서 최초로 모습을 드러낸 플라잉 휴머노이드

플라잉 휴머노이드는 1999년 멕시코의 멕시코시티 근처에서 처음으로 목격되었으며, 그 후로 세계 각지에서 목격담이 잇따르고 있다. 멕시코를 비롯해 미국과 러시아, 일본의 도쿄 상공 등에서도 목격했다는 정보가 있다. 세계 각지의 하늘을 돌아다니며 무슨 일을 벌이는걸까?

→P71

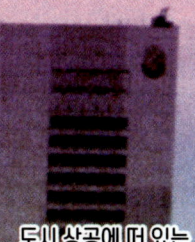

도시 상공에 떠 있는 플라잉 휴머노이드

예티

그룹: D
수인·유인원계
인지도: A 등급

세계 최고봉에서 모습을 드러낸 설남

일본에서는 주로 '설남'이라고 불리는 예티는 탄탄한 체격에 온몸이 털로 뒤덮였으며 두 발로 걸어 다니는 수인이다. 멸종한 원인 기간토피테쿠스가 살아남았다는 설, 불곰과 비슷한 곰의 일종이라는 설도 있다. 사람을 습격했다는 기록은 없으며, 성격은 온화하다고 한다.

출몰 지역: 네팔 히말라야산맥

UMA 정보
- 몸길이: 1.8m~3m
- 몸무게: 150kg~500kg

시 서펜트

그룹 **D**

수중계

인지도 **A** 등급

파워 / 스피드 / 위험성 / 지능 / 기술

세계 바다 곳곳에 나타나는 괴물

시 서펜트는 바다뱀이라는 뜻으로, 길쭉한 몸통이 특징이다. 머리끝이 튀어나왔으며 날카롭고 뾰족한 이빨이 솟아 있다. 머리에 있는 구멍으로 고래처럼 바닷물을 내뿜었다는 목격 정보도 있다. 심해에 사는 산갈치나 뱀장어의 몸집이 거대해진 것이라는 설도 있다.

출몰 지역: 세계 각지

UMA 정보
- 몸길이 : 20m~60m
- 몸무게 : ?

도버 데몬

그룹 **D**

신비계

인지도 **B** 등급

파워 / 기술 / 스피드 / 지능 / 위험성

출몰 지역
미국 매사추세츠주 도버

UMA 정보
▶ 몸길이 : 1.2m
▶ 몸무게 : 30kg

자취를 감춘 수수께끼의 UMA

미국 도버의 주택가에 나타난 UMA이다. 얼굴에는 커다란 눈이 번뜩이며 코와 입, 귀는 보이지 않는다. 손발은 가늘고 길며, 털이 없는 피부는 거칠었다고도 하고 매끈해 보였다고도 한다. 우주인이라는 설도 있지만, 1개월도 되지 않아 자취를 감춰서 알려진 정보가 거의 없다.

플라잉 휴머노이드

그룹 **D**

신비계

인지도 **B** 등급

파워 / 스피드 / 위험성 / 지능 / 기술

날개도 없이 하늘을 나는 UMA

사람처럼 생겼으며, 날개가 없는데도 공중에 떠서 미끄러지듯이 하늘을 날아다닌다. 피부는 갈색빛이며 검고 커다란 눈에는 눈꺼풀이 없다. 사람 형태의 비행물체나 우주인, 초능력자라는 등의 주장이 있지만, 정확한 정체는 알 수 없다.

출몰 지역
미국
멕시코
멕시코시티

UMA 정보
▶ 몸길이 : 1m~3m
▶ 몸무게 : ?

그룹 D · 배틀 3

하늘에서 바다의 왕자에게 도전하다!

플라잉 휴머노이드 VS 시 서펜트

① 플라잉 휴머노이드가 공중에서 돌진하며 공격합니다.

② 기회를 노리던 시 서펜트가 세차게 바닷물을 뿜어내는군요.
시 서펜트는 고래처럼 바닷물을 뿜어낼 수 있다.

깜짝 놀란 플라잉 휴머노이드는 균형을 잃고 추락하고 맙니다.

시 서펜트 승리

시 서펜트가 2연승으로 리드!

배틀 결과	예티	시 서펜트	도버 데몬	플라잉 휴머노이드	승점
예티	—		●2		2
시 서펜트	—	—	●2	●2	4
도버 데몬	×0	×0	—		0
플라잉 휴머노이드		×0		—	0

그룹 D

결과 발표

결승 진출

1 시 서펜트

2승 1무로 승점 5점
추첨으로 예선전 1위 통과!

2 예티

2승 1무로 승점 5점
추첨으로 시 서펜트에 이어 2위로!

배틀 최종 결과	예티	시 서펜트	도버 데몬	플라잉 휴머노이드	승점
예티	—	▲1	●2	●2	5
시 서펜트	▲1	—	●2	●2	5
도버 데몬	×0	×0	—	▲1	1
플라잉 휴머노이드	×0	×0	▲1	—	1

예선 탈락

도버 데몬

1무 2패로 승점 1점
리그 최하위로 탈락!

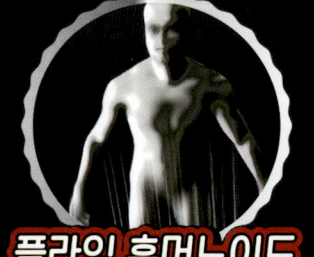

플라잉 휴머노이드

1무 2패로 승점 1점
마찬가지로 리그 최하위!

D그룹 배틀 포인트

승점이 같은 시 서펜트와 예티는 직접 대결도 무승부로 끝나, 추첨으로 순위를 결정했다.
도버 데몬과 플라잉 휴머노이드 역시 똑같이 승점 1점을 기록하고 직접 대결에서도 무승부를 거둬 둘 다 최하위에 머물렀다.

깜짝 발견! UMA 뉴스

두 가지 모습의 타첼부름

도마뱀 머리를 닮은 유형

고양이 머리를 닮은 유형

같은 생물이라고 상상할 수 없는 두 가지 모습

알프스산맥에 사는 타첼부름은 오스트리아, 독일, 스위스, 이탈리아 등에서 목격되었다. 지역에 따라 이름이 다르지만, 공통적인 특징은 뱀처럼 생긴 몸통에 앞다리가 달렸으며 독이 든 입김을 내뿜는다는 점이다. 머리가 도마뱀을 닮은 유형과 고양이를 닮은 유형이 있다.

목격 증언을 바탕으로 그린 일러스트

프로그맨이 나타나다!

두 다리로 일어서는 개구리 발견

1955년, 미국 오하이오주에서 두 다리로 서 있는 개구리와 비슷한 생물이 목격되었다. 1972년에는 경찰관이 다리 위에 웅크리고 있는 생물을 발견했는데, 개구리 인간인 프로그맨이었다. 경찰관이 라이터로 빛을 비추자 일어나서 강으로 사라져 버렸다고 한다.

깜짝 발견! UMA 뉴스

거대한 새, 빅 버드의 진짜 정체는? →P85

빅 버드의 정체라고 여겨지는 거대한 새로, 날개를 펼치면 7m나 되는 아르젠타비스 마그니피센스

새일까, 익룡일까?

거대한 새, 빅 버드의 정체는 북아메리카에서 전해져 내려오는 전설의 괴조 '썬더버드'라는 설과 600만 년 전에 살았던 콘도르와 닮은 거대 새 아르젠타비스라는 설, 그리고 8000만 년 전 하늘을 날아다니던 익룡 프테라노돈이라는 설 등이 있다.

빅 버드의 정체라고 하는 익룡, 프테라노돈

가축 피를 빨아먹는 추파카브라 →P86

개처럼 생겼다는 목격 증언이 있다.

증언마다 다른 모습

추파카브라는 1995년에 발견되었다. 염소를 습격해 피를 모조리 빨아먹어서 '염소 피를 빠는 자'라는 뜻의 이름이 붙었다. 목격담 중에 공통점도 많지만 다른 점도 많으며 그 모습조차 정확하지 않다.

두 다리로 걷는다는 증언, 날개로 하늘을 날아다닌다는 증언도 있다.

타첼부름

알프스산에 숨어 지내는 수수께끼의 UMA

이름은 '앞다리가 달린 뱀'이라는 뜻으로, 뱀처럼 생긴 몸통에 날카로운 손톱이 달린 두 개의 앞다리가 있다. 뒷다리가 있는지는 확실치 않다. 높이 500m 이상인 알프스 산지에 살며, 얼굴은 도마뱀을 닮았다고도 하고 고양이처럼 생겼다고도 한다. 독을 뿜는 강력한 공격을 퍼붓는다.

UMA 정보
- 몸길이 : 1m
- 몸무게 : 30kg

출몰 지역: 유럽 / 알프스산맥

뱀·개구리계 / 인지도 B등급

그룹 E — 빅 버드

인지도 A 등급

공중계

소년을 납치하는 거대 괴조

날카로운 발톱과 부리가 있으며 날개를 펼치면 최대 10m나 된다는 거대한 새이다. 육식성으로, 사람과 동물을 공격한다. 1977년, 일리노이주에서 몸무게가 30kg인 소년을 붙잡아 가려고 했던 사건이 발생하기도 했다. 모습을 드러낸 지역이 많아졌으며 2000년대에도 그 모습이 목격되었다.

출몰 지역: 미국 일리노이주

UMA 정보
- 몸길이: 3m~8m
- 몸무게: 120kg 이상

추파카브라

그룹 E · 신비계 · 인지도 A 등급

유명한 공포의 흡혈 UMA

추파카브라에 공격당한 동물의 몸에는 지름 1cm 정도의 동그란 구멍이 뚫려 있다. 길고 날카로운 혀를 집어 넣어 온몸의 피를 빨아먹는 것이다. 몸통은 짧은 털로 뒤덮였으며, 눈은 새빨갛고 입에는 엄니가 솟아 있다. 캥거루처럼 뛰어서 이동하는 유형과 날개가 달린 유형이 있다고도 한다.

출몰 지역: 아메리카대륙 각지

UMA 정보
- 몸길이 : 1m~1.8m
- 몸무게 : ?

그룹 E

프로그맨

뱀·개구리계

인지도 B 등급

파워 / 스피드 / 위험성 / 지능 / 기술

두 다리로 걷는 개구리

프로그맨은 미국 오하이오주의 리틀마이애미강 주변에서 목격된 개구리 인간이다. 어린아이만 한 체격에 두 다리로 걸어 다니지만, 얼굴은 개구리를 쏙 빼닮았으며 손발에는 물갈퀴가 있다고 한다. 현지 신문에서 현상금도 걸었지만, 포획하지 못한 채 정체는 수수께끼로 남아 있다.

출몰 지역
미국 오하이오주

UMA 정보
- 몸길이 : 50cm~120cm
- 몸무게 : 5kg~30kg

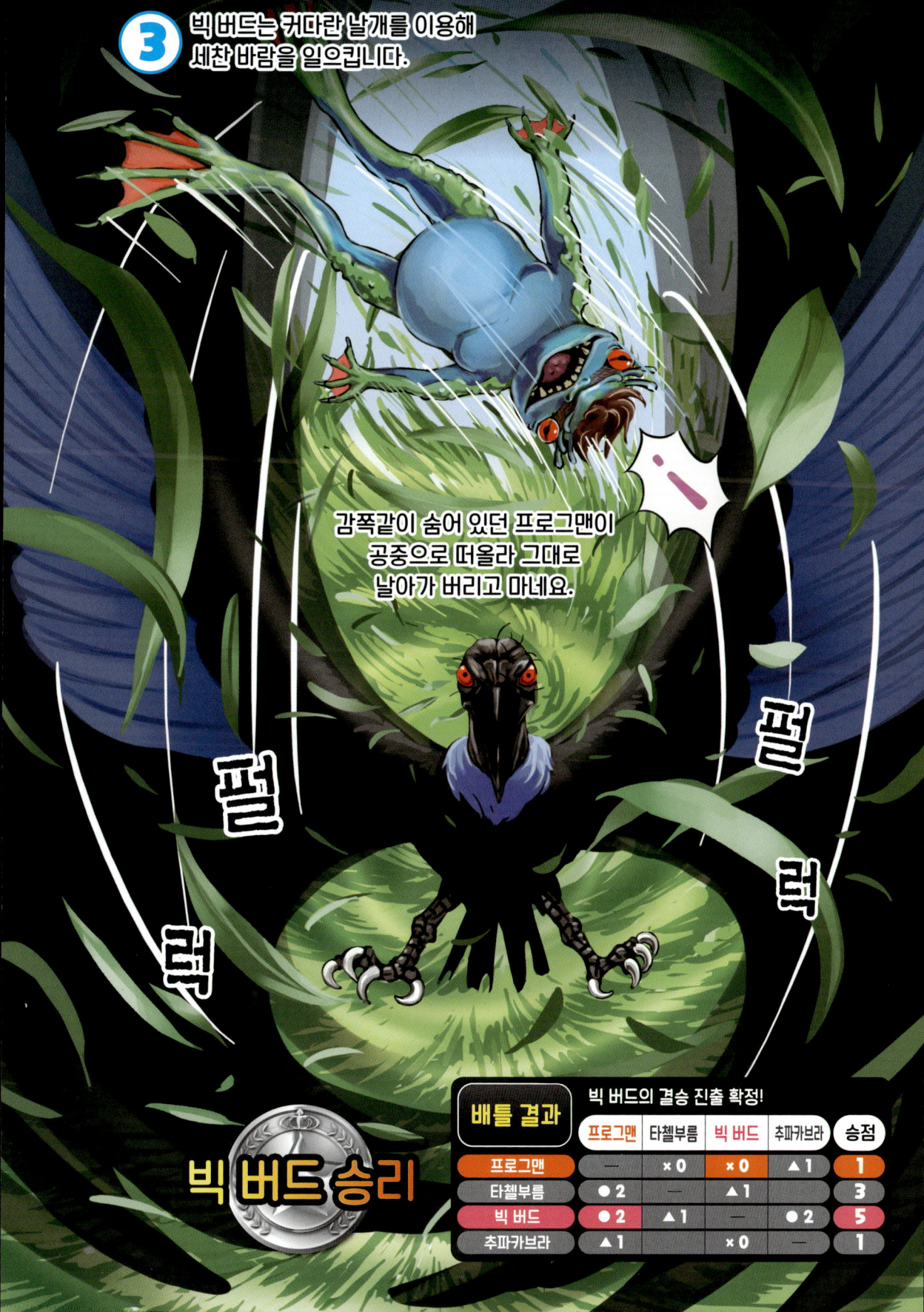

결과 발표

결승 진출

🥇 빅 버드

2승 1무로 승점 5점
그룹 1위로 당당히 결승 진출!

🥈 추파카브라

1승 1패 1무로 승점 3점
막판 역전으로 결승 진출!

배틀 최종 결과	프로그맨	타첼부름	빅 버드	추파카브라	승점
프로그맨	―	×0	×0	▲1	1
타첼부름	●2	―	▲1	×0	3
빅 버드	●2	▲1	―	●2	5
추파카브라	▲1	●2	×0	―	3

예선 탈락

타첼부름

1승 1패 1무로 승점 3점
막판 대결 패배로 예선 탈락

프로그맨

1무 2패로 승점 1점
안타깝지만 그룹 최하위

E그룹 배틀 포인트

빅 버드가 안정된 전투력을 보여 주었다. 빅 버드에게 유일하게 승점을 얻은 타첼부름은 승점 3점을 획득했지만, 마지막에 추파카브라와의 대결에서 패배의 쓴잔을 마시고 말았다.

깜짝 발견! UMA 뉴스

죽음을 부르는 저주의 UMA일까?
모켈레 므벰베에 관한 공포의 전설

피그미족은 모켈레 므벰베를 창으로 잡아 그 고기를 먹었다고 한다.

독일까? 저주일까?

모켈레 므벰베는 아프리카 콩고 공화국의 텔레호와 그 주변에 서식한다. 1776년에 프랑스인 성직자가 정체를 알 수 없는 거대 발자국을 발견한 것을 시작으로 많은 조사가 이루어지고 있다. 1981년에는 미국 조사팀이 울음소리를 녹음해서 그 소리를 분석해, 미지의 대형 생물이라고 발표하기도 했다. 1988년에는 일본 와세다 대학 탐험대도 조사에 나섰다. 한편, 이 지역에는 모켈레 므벰베에 관한 끔찍한 이야기가 전해진다. 과거 피그미족이 모켈레 므벰베를 죽여서 그 고기를 먹었는데, 고기를 먹은 모두가 죽어 버린 것이다. 모켈레 므벰베의 고기에 독이 있었다고도 하며 모켈레 므벰베의 저주 때문이라고도 한다.

목격 증언을 바탕으로 그린 하마와 싸우는 모습. 공룡인 아파토사우루스와 닮았다고 한다.

옛부터 전해지는 다르쿠 전설 →P105

다르쿠에게 목숨을 잃은 그레이스의 무덤에는 뒤돌아보는 다르쿠의 목에 단검이 꽂힌 모습이 조각되어 있다.

그레이스의 남편 무덤에는 말에 올라타 단검으로 싸우는 조각이 있다.

300년 전 싸움의 기록

아일랜드의 마스크호나 주변 호수에 나타나는 UMA인 다르쿠가 1772년에 여성의 목숨을 빼앗았다는 전설이 있다. 비명 소리를 듣고 달려온 남편이 다르쿠를 공격하자 휘파람 같은 울음소리를 내며 죽었지만, 그 소리를 들은 다르쿠의 동료들이 남편에게 덤벼들었다. 남편이 말을 타고 도망가도 계속 쫓아왔고, 격렬하게 싸운 후에야 겨우 쫓아냈다고 한다.

다르쿠와의 대결을 그린 일러스트

몽키맨은 옷을 입고 있었다? →P102

경찰의 정보를 바탕으로 그린 일러스트

목격 증언을 바탕으로 그린 일러스트

서로 다른 증언

몽키맨은 2001년, 인도 뉴델리에 나타나 수많은 사람을 공격했다. 경찰은 몽키맨의 온몸이 검은 털로 뒤덮였다고 했지만, 검은색 옷에 헬멧을 쓰고 눈은 빨갛게 빛났다고 증언하는 사람도 있었다.

그룹 F

몽키맨

수인·유인원계

인지도 A 등급

파워 / 스피드 / 위험성 / 지능 / 기술

출몰 지역: 뉴델리 인도

UMA 정보
- 몸길이 : 1.4m~1.6m
- 몸무게 : 30kg

마을에 나타난 괴물의 공격

겉모습은 원숭이와 비슷하지만, 강력한 무기인 날카로운 손톱은 원숭이의 것이라고 볼 수 없다. 재빠른 몸동작으로 할퀴고 물어뜯으며 많은 사람을 공격했다. 눈은 새빨갛게 빛나며, 몸에서 파랗고 빨간 광선을 뿜었다고도 한다. 헬멧을 쓰고 있거나 옷을 입고 있었다는 증언도 있다.

모켈레 므벰베

그룹 F / 수중계 / 인지도 B 등급

물에서도 육지에서도 난폭하다

긴 목과 꼬리가 있는 공룡 모습의 UMA이다. 물과 육지를 오가며 활동하며 초식성이다. 성격이 난폭해, 호수에서 자신에게 다가오는 배를 목으로 쳐 부수거나 몸통으로 들이받기도 했다. 모켈레 므벰베의 고기에는 독이 있다고도 하며, 강력한 저주를 내린다고도 한다.

출몰 지역
텔레호 주변 / 콩고 공화국

UMA 정보
- 몸길이 : 8m~15m
- 몸무게 : 약 6t~12t

아훌

그룹 **F**

공중계

인지도 **C** 등급

출몰 지역
인도네시아 자바섬

UMA 정보
- 몸길이 : 3.6m
- 몸무게 : ?

험악한 외모와 달리 아름다운 목소리

박쥐처럼 생겼지만, 세계에서 가장 큰 박쥐보다 훨씬 크며 얼굴은 사람 혹은 원숭이와 닮았다. 커다란 날개와 날카로운 손톱이 있으며 몸은 털로 뒤덮여 있다. 한밤중에 물고기를 잡아먹는다. 생김새와는 다르게 목소리가 매우 아름다우며 '아훌' 하고 우는 소리에서 이름이 붙여졌다고 한다.

다르쿠

거대하고 사나운 수달의 왕

겉모습은 거대한 수달처럼 보이지만 머리는 개와 닮았다고도 한다. 주황색 물갈퀴가 있고 수영이 주특기이다. 성격이 난폭해서 물 위나 물가에 접근하는 사람과 동물을 공격하곤 한다. 짝지어 행동하는데, 한쪽이 목숨을 잃으면 다른 한쪽이 복수를 위해 공격한다.

UMA 정보
- 몸길이 : 2m~3m
- 몸무게 : 100kg~150kg

출몰 지역: 골웨이주, 아일랜드

그룹 F — 결과 발표

결승 진출

1위 모켈레 므벰베
2승 1무로 승점 5점
여유롭게 1위로 결승 진출 확정!

2위 다르쿠
1승 1무로 승점 3점
마지막 시합에서 역전 승리!

배틀 최종 결과	몽키맨	모켈레 므벰베	아훌	다르쿠	승점
몽키맨	—	×0	×0	●2	2
모켈레 므벰베	●2	—	●2	▲1	5
아훌	●2	×0	—	×0	2
다르쿠	×0	▲1	●2	—	3

예선 탈락

아훌
1승 2패로 승점 2점
직접 대결에서 승리해 3위

몽키맨
1승 2패로 승점 2점
아훌에게 패해 최하위로!

F그룹 배틀 포인트

파워가 월등한 모켈레 므벰베가 압승을 거두었고, 모켈레 므벰베와 무승부를 거둔 다르쿠가 2위에 올랐다. 아훌과 몽키맨은 똑같이 승점 2점을 얻었지만, 직접 대결에서 승리를 거둔 아훌이 3위에 올랐다.

깜짝 발견! UMA 뉴스

가정집에서 키운 날개 달린 고양이 ➜P120

1899년, 영국 서머싯에 사는 여성이 키우던 윙캣

1975년, 영국 맨체스터의 공원에서 발견된 윙캣

새끼 고양이에게 날개가 생겼다?

1899년, 영국 잡지에 윙캣의 사진이 실렸다. 어느 여성이 키우던 고양이로, 태어나고 몇 주 후부터 날개가 자랐으며 날개 외에는 매우 평범한 고양이였다고 한다. 1905년에는 몸길이가 3m나 되는 거대한 날개가 달린 고양이가 영국 잡지에 소개되었다. 그 후 날개가 달린 고양이가 하늘을 날아다니는 목격담이 세계 각지로 퍼져 나갔으며, 목격 제보는 100건이 넘었다. 2009년에는 중국 쓰촨성에서 발견되었다.

수수께끼 거대 사체의 정체는? P119

또다시 모습을 드러낸 초거대 문어

2003년 7월 칠레의 해변으로 떠밀려 온 살덩어리의 정체는 옥토퍼스 기간테우스일 가능성이 커졌다. 동물학자는 그 몸통의 일부가 1896년에 미국 플로리다주 해변에서 전문가들을 난감하게 만든 옥토퍼스 기간테우스와 비슷하다고 주장했다.

칠레 해변에서 발견된 거대한 사체

깜짝 발견! UMA 뉴스

빅풋일까? 인간일까? →P118

촬영 후에 본떠 만든 석고 발자국

영상에 찍힌 빅풋

영상을 둘러싼 의혹

1967년, 미국 캘리포니아주에서 빅풋이 움직이는 영상이 촬영되었다. 그 영상이 빅풋의 존재를 증명했지만, 인형 탈을 쓴 인간이라는 의혹이 제기되었고 자신이 탈을 썼다며 이름을 밝힌 사람이 나타났다. 하지만 약 40년 후인 2010년에 미국의 TV 프로그램에서 근육의 움직임과 관절의 위치를 세밀하게 조사한 결과, 인간에게는 불가능한 동작임을 증명했다. 결국 그 생물의 정체는 아직도 수수께끼로 남아 있다.

오고포고의 정체를 밝혀라! →P121

상금을 걸어도 풀리지 않는 수수께끼

1872년, 캐나다 오카나간호에 오고포고가 헤엄치는 모습이 목격되었다. 미국 신문사에서 상금 1,000달러를 걸어 정보를 수집했지만 정체는 밝혀지지 않았다. 2009년, 구글 어스에 오카나간호가 찍힌 영상에도 거대 생물의 그림자가 찍혔다.

머리와 길쭉한 등에 달린 혹을 수면 위로 내놓고 헤엄치는 오고포고

그룹 G · 빅풋

수인 · 유인원계

인지도 **B** 등급

파워 / 스피드 / 위험성 / 지능 / 기술

출몰 지역
캐나다, 미국, 로키산맥

UMA 정보
▶ 몸길이 : 2.5m~3m
▶ 몸무게 : 약 350kg

두 다리로 걷는 거대한 수인

빅풋이라는 이름은 '커다란 발'이라는 뜻이다. 2,400건이 넘는 목격 정보 외에도 40cm가 넘는 발자국과 움직이는 모습의 영상 등이 알려져 유명한 UMA이다. 털로 뒤덮인 고릴라와 비슷한 모습이다. 혼자 나타날 때가 많지만, 부모 자식이나 암컷 수컷이 짝을 지어 나타날 때도 있다.

그룹 G

옥토퍼스 기간테우스

수중계

인지도 **C** 등급

파워 / 스피드 / 위험성 / 지능 / 기술

배를 습격하는 초거대 문어

1989년에 미국 플로리다주 해안에서 건져 올린 살덩어리의 정체는 거대한 문어였다. '옥토퍼스 기간테우스'라는 학명이 붙은 이 거대한 생물은 바다 한가운데 생기는 구멍인 '블루홀'에 숨어 지내며, 긴 촉수를 뻗어 항해 중인 배를 끌고 바닷속으로 들어간다고 한다.

출몰 지역

미국 / 플로리다주

UMA 정보
- 몸길이 : 30m
- 몸무게 : 약 20t

그룹 G — 윙캣

고양이가 하늘을 날아다닌다!

어깨나 허리에 10cm~30cm 정도의 날개가 달린 윙캣이 15m~20m까지 나는 모습이 목격되기도 했다. 날개의 정체는 털이 뭉치거나 피부가 변형된 것이라는 설이 유력하지만, 하늘을 나는 고양이를 봤다는 목격담은 설명이 되지 않는다. 결국 수수께끼는 풀리지 않은 채로 남아 있다.

출몰 지역: 세계 각지
공중계
인지도: A 등급

UMA 정보
- 몸길이 : 50cm~3m
- 몸무게 : 2kg~10kg

오고포고

'호수의 악마'로 불리는 전설의 괴물

옛부터 전해져 내려오는 괴물로, 원주민은 '호수의 악마'라고 불렀다. 얼굴은 용을 닮았다고도 하고, 말이나 소와 비슷하다고도 한다. 혹이 달린 길쭉한 몸통을 구불거리며 헤엄친다. 오고포고의 정체는 약 6500만 년 전, 고래의 조상인 제우글로돈이라는 설도 있다.

출몰 지역: 캐나다 오카나간호, 미국

UMA 정보
- 몸길이: 5m~15m
- 몸무게: 수 t

그룹 G 배틀 4

또다시 수중 생물과 맞붙은 윙캣

윙캣 VS 오고포고

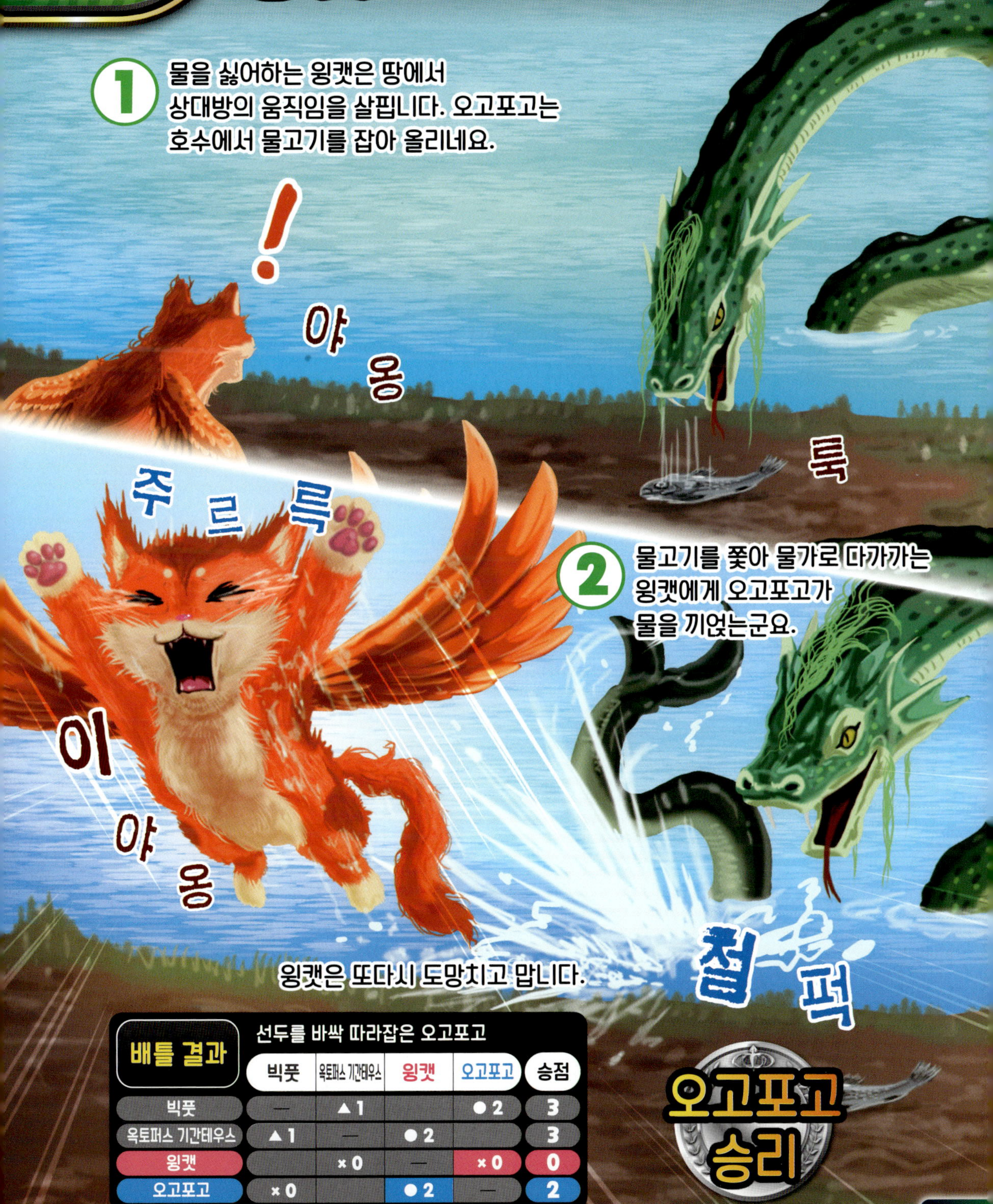

1 물을 싫어하는 윙캣은 땅에서 상대방의 움직임을 살핍니다. 오고포고는 호수에서 물고기를 잡아 올리네요.
!
야옹
툭
주르륵
2 물고기를 쫓아 물가로 다가가는 윙캣에게 오고포고가 물을 끼얹는군요.
이야옹
철퍽
윙캣은 또다시 도망치고 맙니다.
오고포고 승리

배틀 결과 선두를 바싹 따라잡은 오고포고

	빅풋	옥토퍼스 기간테우스	윙캣	오고포고	승점
빅풋	—	▲1		●2	3
옥토퍼스 기간테우스	▲1	—	●2		3
윙캣		×0	—	×0	0
오고포고	×0		●2	—	2

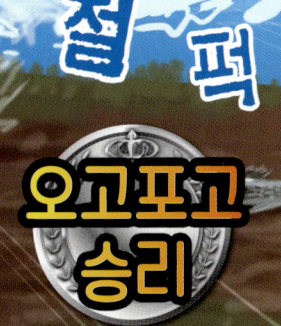

그룹 G

결과 발표

결승 진출

1위 옥토퍼스 기간테우스

2승 1무로 승점 5점
실력을 발휘해 1위로 통과!

2위 빅풋

1승 1무로 승점 3점
아슬아슬하게 결승 진출!

배틀 최종 결과	빅풋	옥토퍼스 기간테우스	윙캣	오고포고	승점
빅풋	—	▲1	×0	●2	3
옥토퍼스 기간테우스	▲1	—	●2	●2	5
윙캣	●2	×0	—	×0	2
오고포고	×0	×0	●2	—	2

예선 탈락

오고포고
1승 2패로 승점 2점
직접 대결에서 이겨 3위

윙캣
1승 2패로 승점 2점
작전이 성공해 1승 달성

G그룹 배틀 포인트

파워는 물론이고 몸 색깔을 바꾸는 등의 기술을 보여 준 옥토퍼스 기간테우스. 빅풋은 작전이 성공해 오고포고에게 승리했지만, 빅풋의 착한 마음씨를 꿰뚫어 본 윙캣에게 패배해 아슬아슬하게 결승에 진출했다.

깜짝 발견! UMA 뉴스

평화로운 마을에 재난을 일으키다

모스맨이 등장하다!

모스맨이 나타난 마을, 포인트 플레전트

모스맨 동상

마을을 유명하게 만든 불길한 UMA

1966년~1967년에 걸쳐 미국 웨스트버지니아주의 포인트 플레전트라는 마을에 모스맨(나방 인간)이라고 불리는 UMA가 나타났다. 마지막으로 목격된 것은 1967년 12월 15일로, 이날 마을의 실버브릿지가 무너져 46명의 사망자가 발생했다. 이 사건은 모스맨이 불러온 재난이라고 한다. 이후 모스맨을 주제로 한 영화가 만들어졌지만, 그 영화의 관계자가 모스맨의 저주로 수수께끼의 죽음을 당했다는 이야기도 전해진다. 하지만 현재 포인트 플레전트에서 2002년부터 모스맨의 출현을 기념하는 '모스맨 페스티벌'을 매해 개최하고 있다. 2003년에는 모스맨의 동상을 만들었고, 2005년에는 모스맨 박물관을 세웠다. 이 마을에는 모스맨에 대한 호기심을 가진 사람들로 붐비곤 한다.

깜짝 발견! UMA 뉴스

기록으로 남겨진 한 장의 사진 →P136

지질 조사대를 습격한 드 로이의 원숭이

1920년, 스위스인 프랑수와 드 로이를 포함한 지질학 조사대가 석유 탐사를 위해 베네수엘라의 숲으로 들어갔다. 갑자기 숲의 나무가 격렬하게 흔들리더니 털북숭이 생물이 두 다리로 뛰어나와 냄새 나는 물체를 던지기 시작했다. 궁지에 몰린 대원들은 그 생물을 총으로 쐈다. 쓰러진 생물에 다가간 대원들은 처음 보는 모습에 놀라, 사진을 찍어 기록으로 남겼다. 이 생물은 이후에 신종 유인원으로 발표되었으며, 현재는 '드 로이의 원숭이'라고 불리고 있다.

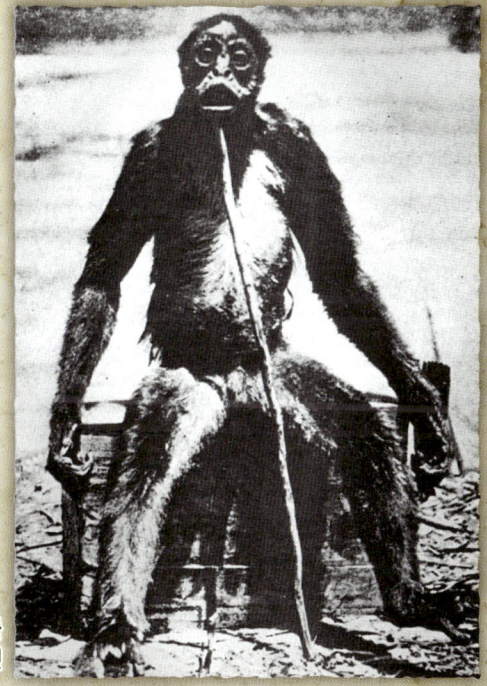

▶라이플 총으로 쏜 드 로이의 원숭이를 석유관에 앉혀서 턱을 막대로 고정해 찍은 사진

곰이라고 부르지만 곰이 아니다? →P139

곰이 살지 않는 아프리카에 등장한 난디곰

케냐 난디 지방에 나타난 난디곰이 영국 책에 등장한 것은 1905년의 일이다. 케냐 현지인에게는 그 보다 오래전부터 알려져 있었다. '가축을 공격해 뇌를 파먹는 거대한 악마'로, 두려워하던 존재였다고 한다. 머리가 곰과 비슷하지만 현재 아프리카에 곰 종류는 살지 않는다. 멸종한 곰이거나 고대 포유류 칼리코테리움이 살아남은 것이라는 설도 있다.

◀가축이나 야생 사슴 등을 습격해 잡아먹는 육식 동물

▶뒷다리가 짧은 체형이 난디곰과 닮은 칼리코테리움은 78만 년 전에 전멸했다.

드 로이의 원숭이

그룹 H

수인·유인원계

인지도 C 등급

출몰 지역: 베네수엘라

똥도 무기로 사용하는 유인원

베네수엘라 숲에서 발견되었으며, 현지에서 쉽게 볼 수 있는 '거미원숭이'와 닮은 UMA이다. 거미원숭이보다 몸집이 크고 꼬리가 없는 등, 평범한 거미원숭이와는 확실히 다르다. 또한 성질이 난폭해서 나무껍질이나 자신의 똥을 던지며 사람을 공격한다.

UMA 정보
- 몸길이: 약 1.5m
- 몸무게: ?

라우

그룹 H

짐승계

인지도 C 등급

두 가지 모습의 난폭한 UMA

콩고 공화국 이투리의 숲에서는 하마와 닮은 모습으로, 케냐와 우간다, 탄자니아로 둘러싸인 빅토리아호에서는 뱀과 닮은 모습으로 알려져 있다. 공통점은 머리에 볏처럼 보이는 깃털이 달렸다는 것이다. 사람을 공격하며 머리를 쪼개 뇌를 먹는다는 무시무시한 생물이다.

출몰 지역
아프리카대, 이투리의 숲, 빅토리아호

UMA 정보
- 몸길이 : 12m~30m
- 몸무게 : 약 1.7t

그룹 H

난디곰

짐승계

인지도 C 등급

머리를 물어뜯어 뇌를 먹는다?

케냐 난디 지방에 나타나며 머리는 곰, 몸통은 하이에나와 비슷하다고 한다. 날카로운 엄니로 가축의 머리를 물어뜯어 뇌를 꺼내먹는다고 해서 '케리트(뇌를 먹는 자)'라고 불리기도 한다. 짧은 뒷다리만으로 일어서서 긴 앞다리를 무기로 공격한다. 물리면 목숨을 장담할 수 없다.

출몰 지역: 아프리카대륙 / 케냐 난디 지방

UMA 정보
- 몸길이 : 3.5m
- 몸무게 : 200kg

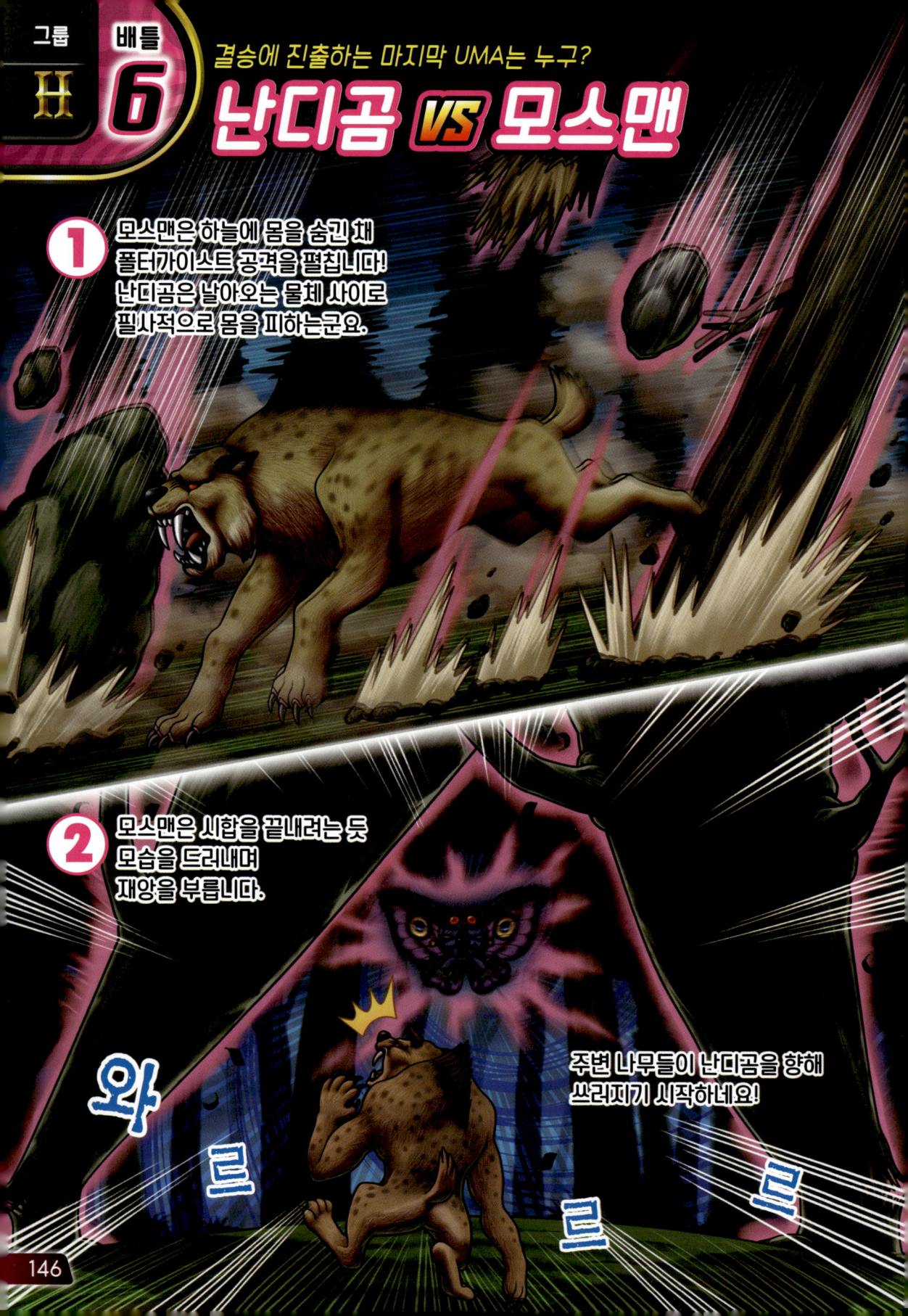

결과 발표

결승 진출

1위 라우
2승 1무로 승점 5점!
순조롭게 예선전 통과!

2위 난디곰
2승 1패로 승점 4점!
마지막 시합에서 결승 진출 확정!

배틀 최종 결과	드 로이의 원숭이	라우	모스맨	난디곰	승점
드 로이의 원숭이	—	×0	×0	×0	0
라우	●2	—	▲1	●2	5
모스맨	●2	▲1	—	×0	3
난디곰	●2	×0	●2	—	4

예선 탈락

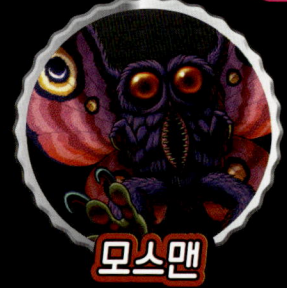

모스맨
1승 1패 1무로 승점 3점
아쉽게 결승 진출 실패

드 로이의 원숭이
1승도 거두지 못하고
예선전 탈락

H그룹 배틀 포인트
거대한 몸집에 수중전에도 강한 라우가 1위로 예선을 통과했다. 난디곰은 마지막 시합에서 운이 따라, 승리를 거두었다. 재앙을 부르는 능력으로 잘 싸웠던 모스맨은 간발의 차이로 탈락하고 말았다.

결승 토너먼트 대진표

각 예선전에서 이긴 상위 두 UMA만 진출하는 결승 토너먼트! 아래 16종의 UMA만이 세계 UMA컵에 도전할 수 있다.

우승

결승전

준결승
배틀 1
➡P180

준준결승
배틀 1
➡P170

준준결승
배틀 2
➡P172

1라운드
배틀 1
➡P152

1라운드
배틀 2
➡P154

1라운드
배틀 3
➡P156

1라운드
배틀 4
➡P158

A
몽골리안 데스 웜
그룹 A: 1위

H
난디곰
그룹 H: 2위

B
크라켄
그룹 B: 1위

G
빅풋
그룹 G: 2위

C
리자드맨
그룹 C: 1위

F
다르쿠
그룹 F: 2위

D
시 서펜트
그룹 D: 1위

E
추파카브라
그룹 E: 2위

결승 토너먼트 관전 포인트

각 그룹의 1위인 UMA가 다른 그룹의 2위인 UMA와 대결한다. 승점과 직접 대결로 승부가 결정되지 않아 추첨으로 1·2위를 결정한 그룹도 있어(→P11), 1위가 반드시 강하다고는 할 수 없다.

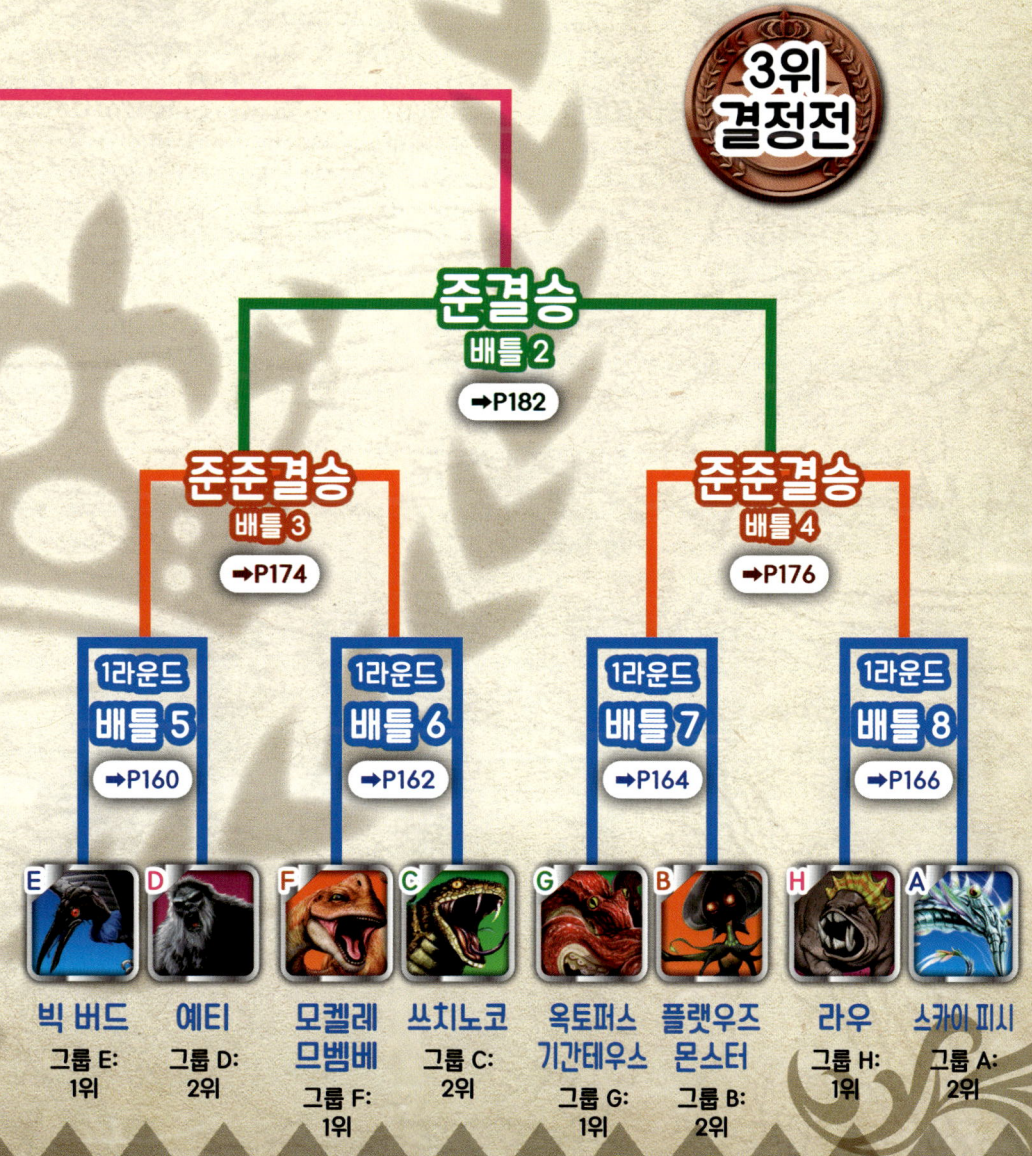

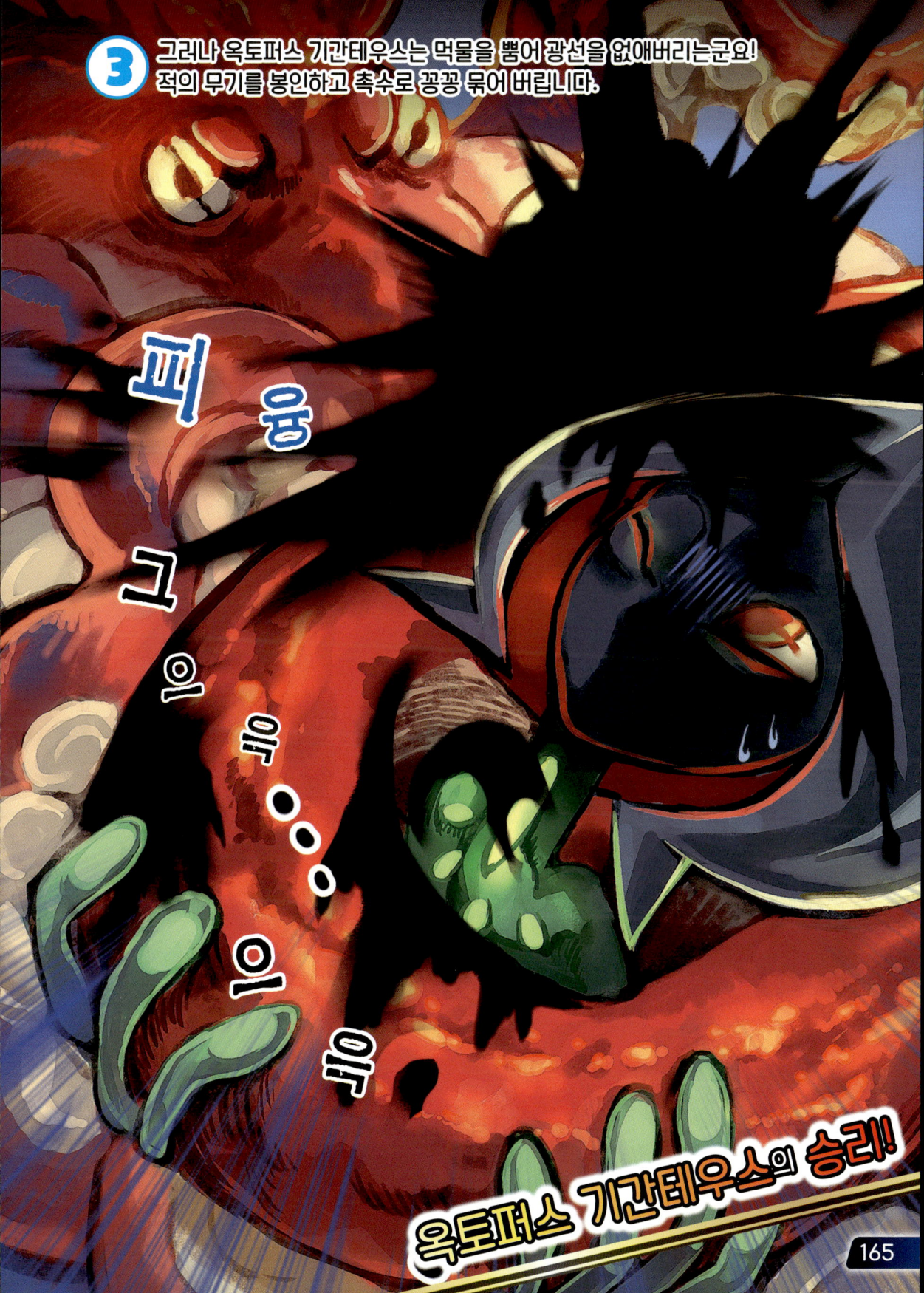

준준결승 대진표

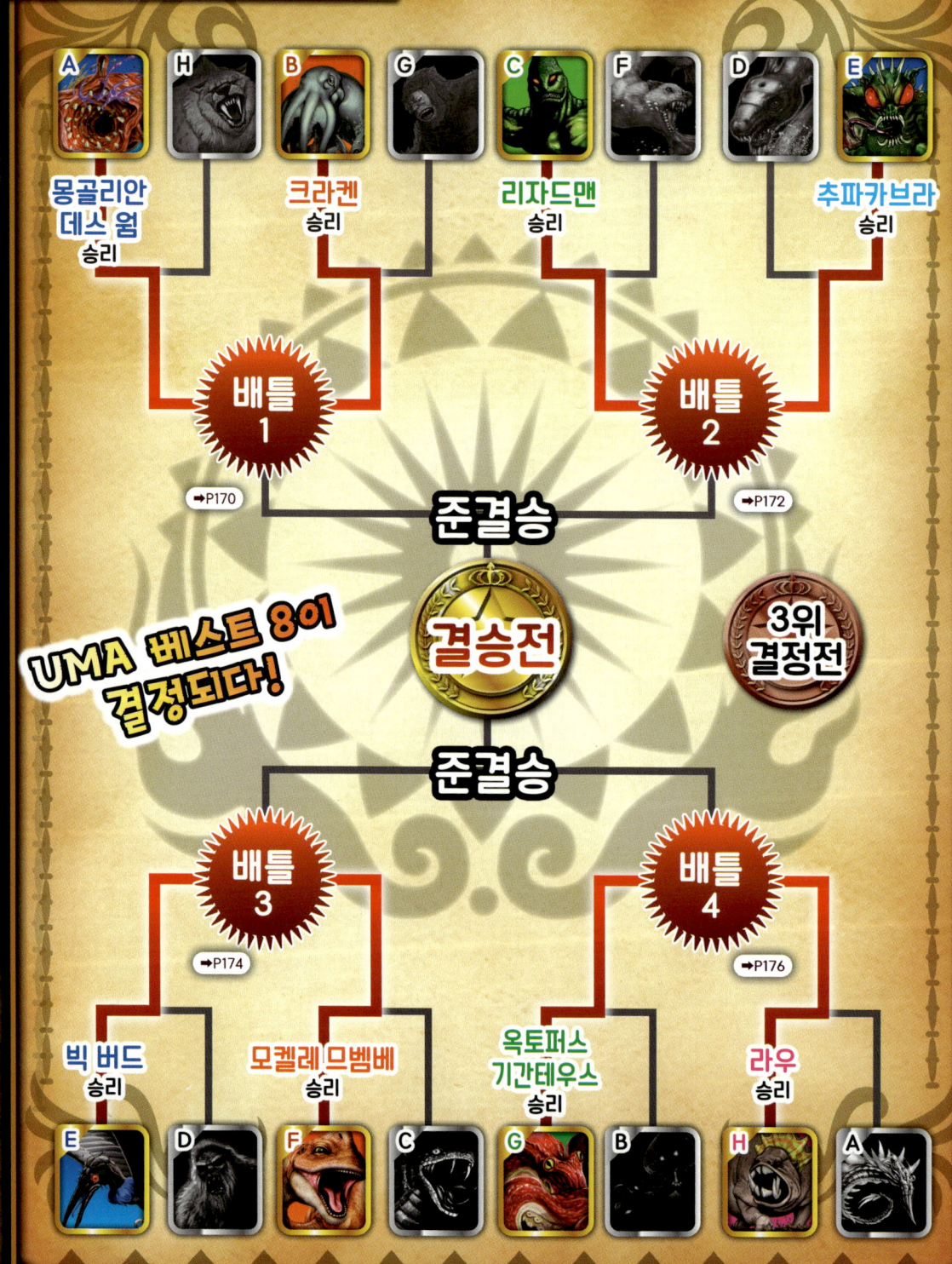

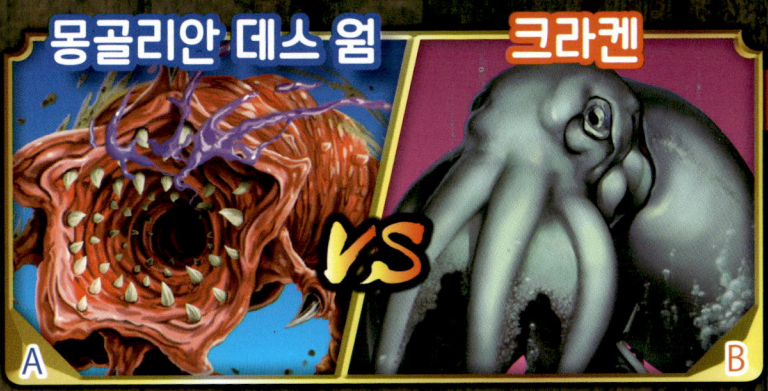

➡ P170

모래 안에 숨었다가 전기와 독으로 공격하는 몽골리안 데스 웜. 배틀 상대인 크라켄은 바다에서 긴 촉수를 뻗어 공격한다.

➡ P172

날카로운 손톱과 딱딱한 비늘, 뛰어난 지능을 이용한 전술로 승리했던 리자드맨. 추파카브라는 어떻게 해야 리자드맨의 피를 빨 수 있을까?

➡ P174

모켈레 므벰베는 긴 목과 꼬리를 휘둘러 공격하며 살에 독성이 있다. 빅 버드는 발톱과 부리를 사용해 공중전으로 대항한다.

➡ P176

라우와 옥토퍼스 기간테우스 모두 수중전에 뛰어나다. 뇌를 먹는 라우는 과연 머리를 노릴 것인가!

준준결승 배틀 4

물속 대결 승리자는 누구?
옥토퍼스 기간테우스 VS 라우

*강에 사는 라우와 바다에 사는 옥토퍼스 기간테우스의 대결은 강과 바다의 경계에서 치러진다.

① 옥토퍼스 기간테우스는 촉수로 라우를 칭칭 휘감으려 하지만, 물속에서 움직임이 빠른 라우는 잽싸게 몸을 피합니다.

평소 강에서 숨어 지내는 라우는 물속에서 움직임이 재빠르다.

➡ P180

독과 전기 충격으로 크라켄을 쓰러트린 몽골리안 데스 웜. 추파카브라는 리자드맨의 비늘을 피해 눈을 공격하는 작전으로 승리했다. 양쪽 모두 주특기를 살려 어떤 승부를 펼칠까?

➡ P182

막판에 힘을 과시하며 빅 버드를 물리친 모켈레 므벰베! 라우의 약점을 공략해 승리한 옥토퍼스 기간테우스와 맞붙는다. 양쪽 모두 커다란 덩치와 힘이 강력한 무기이다.

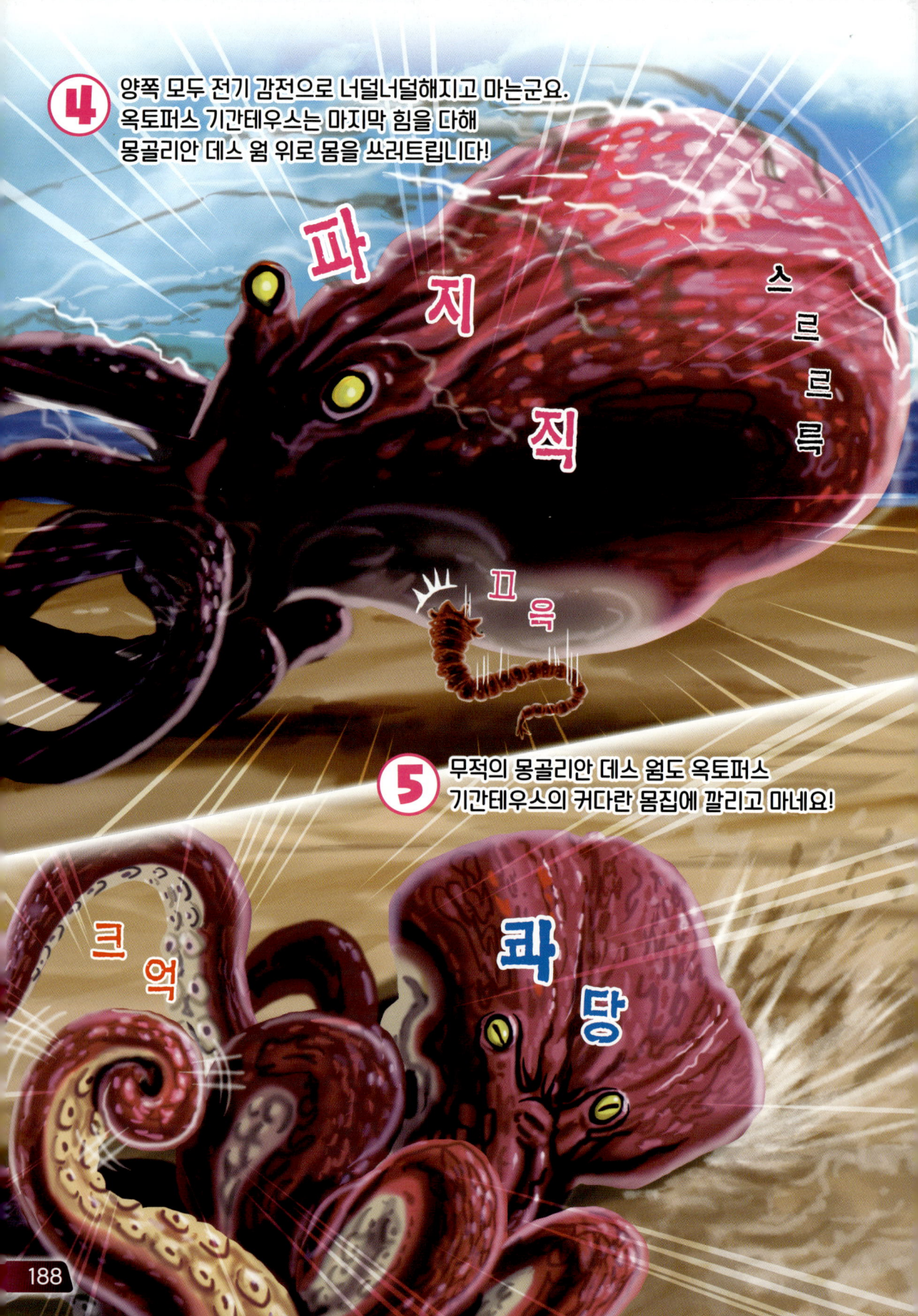

최종 결과 발표

 **우승**

몽골리안 데스 웜

준결승·결승 배틀 포인트

몽골리안 데스 웜이 전기 충격과 독이라는 두 가지 강력한 무기를 사용해 승리했다. 몸집은 작지만 특기를 살린 추파카브라는 3위에 올랐다. 준우승인 옥토퍼스 기간테우스를 비롯해 크기와 파워로 상대를 압도한 다른 UMA들이 더욱 발전한 모습으로 다음 대회에서 펼칠 활약이 기대된다.

 **2위**

옥토퍼스 기간테우스

 **3위**

추파카브라

4위: 모켈레 므벰베
입상: 크라켄, 리자드맨, 빅 버드, 라우

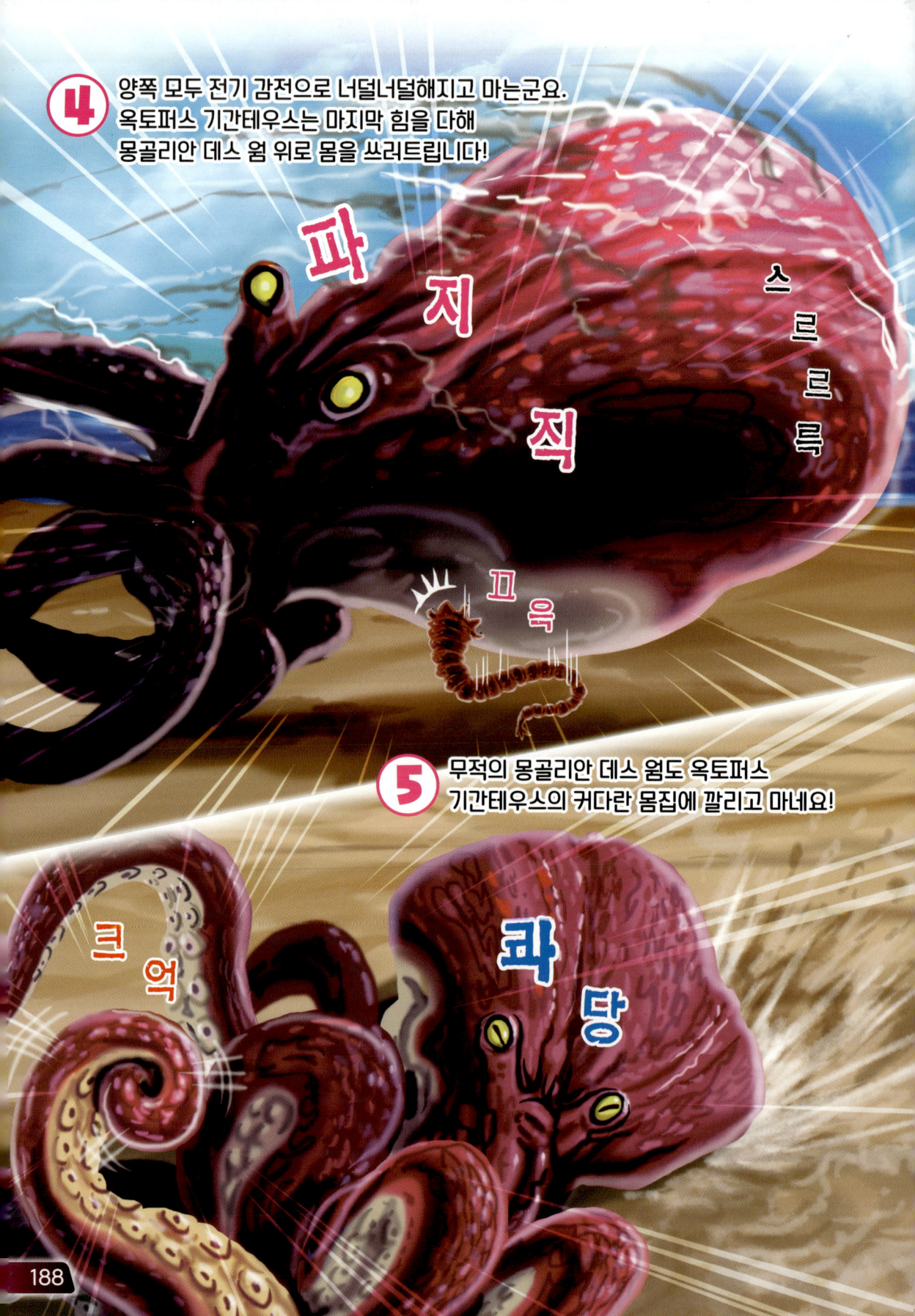

최종 결과 발표

우승 — 몽골리안 데스 웜

준결승·결승 배틀 포인트

몽골리안 데스 웜이 전기 충격과 독이라는 두 가지 강력한 무기를 사용해 승리했다. 몸집은 작지만 특기를 살린 추파카브라는 3위에 올랐다. 준우승인 옥토퍼스 기간테우스를 비롯해 크기와 파워로 상대를 압도한 다른 UMA들이 더욱 발전한 모습으로 다음 대회에서 펼칠 활약이 기대된다.

2위 옥토퍼스 기간테우스

3위 추파카브라

4위: 모켈레 므벰베
입상: 크라켄, 리자드맨, 빅 버드, 라우

최종 결과 발표

우승: 몽골리안 데스 웜

준결승·결승 배틀 포인트

몽골리안 데스 웜이 전기 충격과 독이라는 두 가지 강력한 무기를 사용해 승리했다. 몸집은 작지만 특기를 살린 추파카브라는 3위에 올랐다. 준우승인 옥토퍼스 기간테우스를 비롯해 크기와 파워로 상대를 압도한 다른 UMA들이 더욱 발전한 모습으로 다음 대회에서 펼칠 활약이 기대된다.

2위: 옥토퍼스 기간테우스

3위: 추파카브라

4위: 모켈레 므벰베
입상: 크라켄, 리자드맨, 빅 버드, 라우

UMA 색인

이 책에 등장하는 UMA를 가나다순으로 찾아보자.

표시한 숫자는 해당 UMA를 소개하는 페이지를 나타낸다.

ㄴ
난디곰(F) ➡139
네시(C) ➡52

ㄷ
다르쿠(F) ➡105
도버 데몬(D) ➡70
드 로이의 원숭이(H) ➡136

ㄹ
라우(H) ➡138
리자드맨(C) ➡50

ㅁ
모라그(A) ➡17
모스맨(H) ➡137
모켈레 므벰베(F) ➡103
몽골리안 데스 웜(A) ➡19
몽키맨(F) ➡102

ㅂ
빅 버드(E) ➡85
빅풋(G) ➡118

ㅅ
스카이 피시(A) ➡18
스컹크 에이프(A) ➡16

시 서펜트(D) ➡69
쓰치노코(C) ➡51

ㅇ
아울맨(B) ➡37
아홀(F) ➡104
예티(D) ➡68
오고포고(G) ➡121
오랑바티(C) ➡53
옥토퍼스 기간테우스(G) ➡119
요위(B) ➡35
윙캣(G) ➡120

ㅊ
추파카브라(E) ➡86

ㅋ
크라켄(B) ➡34

ㅌ
타첼부름(E) ➡84

ㅍ
프로그맨(E) ➡87
플라잉 휴머노이드(D) ➡71
플랫우즈 몬스터(B) ➡36

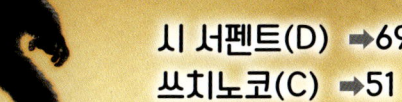

UMA 출현 지역 찾아보기

이 책에 등장한 UMA를 출현 지역으로 찾아보자.
표시한 숫자는 해당 UMA를 소개하는 페이지를 나타낸다.

캐나다
G:오고포고➡121

록키산맥
G:빅풋➡118

미국
A:스컹크에이프➡16
B:플랫우즈 몬스터➡36
C:리자드맨➡50
D:도버 데몬➡70
E:빅 버드➡85
E:프로그맨➡87
G:옥토퍼스 기간테우스➡119
H:모스맨➡137

베네수엘라
H:드 로이의 원숭이➡

멕시코
A:스카이 피시➡18
D:플라잉 휴머노이드➡71

아메리카 대륙 각지
E:추파카브라➡86

세계 각지
D:시 서펜트➡69
G:윙캣➡120

頂上決戦! UMA 未確認生物 最強王決定戦
<CHOJO KESSEN! UMA MIKAKUNIN SEIBUTSU SAIKYOOH KETTEI SEN>
Copyright © UMA Kenkyuchosatai 2020
First published in Japan in 2020 by Seito-sha Co., Ltd.
Korean translation rights arranged with Seito-sha Co., Ltd.
through JM Contents Agency Co.
Korean edition copyright © 2021 by Glsongi Co., Ltd.

이 책의 한국어판 저작권은 JMCA 를 통한 저작권자와의 독점 계약으로 ㈜글송이에 있습니다.
저작권법에 의하여 한국 내에서 보호를 받는 저작물이므로 무단 전재와 무단 복제를 금합니다.

일러스트 : 아이마 타로(e-loop), icula, 괴인후쿠후쿠, 가와사키 사토시, 구보타 코지, 사카우에 아키히토,
사토미 유, 정신암흑가 코우, 나가이 케이타, 난바 키비, 야요이 시로
디자인 : 시바 토모유키(STUDIO DUNK)
사진제공 : iStock, Aflo, amanaimages, Jason W.,
쓰치노코 페스타 실행위원회사무국(히가시시라가와무라촌청 지역진흥과내),
Tony O' Neil Underexposed-an Irish Photoblog",
Pixta, photolibrary
편집협조 : 사카이 카오루·하야시 타이요(office303)

2024년 10월 20일 초판 3쇄 펴냄

편저자 · 미확인생물미스터리연구회   **옮김** · 고경옥
펴낸이 · 이성호   **펴낸곳** · (주)글송이
편집/디자인 · 이유미, 김현경, 임주용
마케팅 · 이성갑, 윤정명, 이현정, 문현곤, 이동준
경영지원 · 최진수, 이인석, 진승현

출판 등록 · 2012년 8월 8일 제 2012-000169호   **주소** · 서울시 서초구 능안말 1길 1(내곡동)
전화 · 578-1560~1   **팩스** · 578-1562   **이메일** · gsibook01@naver.com

ISBN 979-11-7018-617-5 74080
979-11-7018-616-8 (세트)

*잘못 만들어진 책은 바꾸어 드립니다.